영어 회화, 한국에서도 되던데요?

영어 회화, 한국에서도 되던데요?

심규열 지음

국내파 3단계
영어 회화
학습법

Sentence making

Blind speaking

Shadow speaking

토마토
출판사

들어가는 말:
영어 회화, 이대로 하다가는 다 같이 망한다

    필자는 100% 국내파다. 조기 교육, 어학연수, 교환 학생 등 어떠한 해외 경험도 없다. 이 글을 읽고 있는 여러분처럼 학교 내신, 수능이 그동안 영어 공부의 전부였다. 그래서 필자도 읽고 듣는 건 어느 정도 한다. 하지만 마찬가지로, 여러분처럼 스피킹은 거의 못했다. 영어로 말할 일이 거의 없었기 때문에, 스스로 영어 회화를 얼마나 하는지조차 몰랐다.

    그러나 지금은 외국에서 살다 왔냐고 들을 만큼 영어를 유창하게 구사한다. 일상 대화뿐만 아니라 학술 토론 및 발표까지 영어로 할 수 있다. 과거에는 수강생이었지만 지금은 영어를 가르치는 튜터로 활동하고 있다.

영어 공부의 결과만 놓고 보면 성공이지만, 그 과정을 자세히 들여다보면 완벽한 실패였다. 지금 와서 돌이켜보건대, 그동안 필자가 했던 영어 공부의 90%는 헛수고였다. 누구보다 열정적으로 공부했지만, 비효율적으로 학습했다. 만약 처음부터 제대로 학습했다면, 지금쯤 영어 말고도 다른 외국어 하나쯤은 유창하게 구사했을 것이다. 10이라는 아웃풋을 위해 1,000의 인풋을 집어넣었으니 필자의 영어 학습은 실패다.

이 책의 집필 동기는 딱 하나다. 여러분은 필자가 했던 멍청한 실수를 되풀이하지 않도록 만들겠다. 그래서 쓸데없는 돈 낭비, 노력 낭비, 시간 낭비 없이, 최고 효율로 스피킹 학습을 하도록 만들겠다. 필자는 영어 회화를 유창하게 하는 데 3년이 걸렸지만, 여러분은 3개월 안에 비슷한 수준에 도달할 수 있도록 만들겠다. 여기서 3개월은 절대 과장이 아니다. 차차 말하겠지만 예상 독자라면 3개월이면 충분하다. 아니, 3개월 내로 끝내야 한다.

그러려면 더 이상 지금처럼, 남들처럼 학습해서는 안 된다. 우리 모두 그동안 시험 위주의 영어 공교육을 받아왔다. 그래서 문법, 독해 위주의 학습 성향이 스피킹 학습에서도 그대로 발현된다. 우리의 목적은 스피킹인데, 여전히 단어, 문법에 집착한다. 이미 경험해본 사람은 알 것이다. 기존 방법대로라면 똑같이, 다 같이 망한다. 이제라도 시험 위주의 영어 학습법을 걷어내고 그 자리에 말하기 영어 학습법을 이식해야 한다. 그래야 필자가 했던 비효율을 피하고, 직선으로 '스피킹 유창성'이라는 목표에 도달할 수 있다.

필자는 몸소 겪었던 3년간의 학습 경험을 바탕으로 이 책을 집필했다. 동시에 신빙성을 위해 매 주장과 경험에 논리적 근거를 달았다. 논리 없는 경험은 에세이에 불과하다. 경험 없는 논리는 지루한 이론일 뿐이다. 이 책은 처음부터 끝까지 구체성과 실현 가능성을 잊지 않았다.

이 책은 다음과 같은 5가지 차별화된 특징을 가지고 있다.

1. 모두가 아닌 당신만을 위한

본 글의 독자층은 정해져 있다. 기본적 단어, 문법은 알지만 스피킹은 '젬병'인 학습자이다. 대충 읽고 들을 수는 있는데 말은 못하고, 점수로 말하자면 토익 700점 이상, 수능 3등급 이상에 준하는 사람만을 위한 글이다. 아쉽게도 영어 초보자에게는 적합하지 않다.

시중 영어 학습서의 대부분은 딱히 독자층을 한정하지 않고 모든 학습자를 대상으로 한다. 그러나 독자층이 넓어질수록 해결책이 모호해진다. 독자의 수준별로 다양한 문제점을 동시에 고려해야 하기 때문이다. 그래서 필자는 위와 같이 독자층을 제한했다. 그만큼 책은 덜 팔릴지도 모르겠다. 그러나 그만큼 여러분이 예상 독자층에 속한다면, 여러분에게 딱 들어맞는 처방전을 받아갈 수 있다.

2. 오로지 스피킹만

영어 중에서도 오직 스피킹만 다룬다. 단어, 문법, 리스닝은 스피킹을 설명하기 위한 수단으로만 다루지 따로 떼어 설명하지 않는다. 이에 따라 최종 학습 목표도 전반적인 영어 실력 향상이 아니다. 오로지 스피킹 실력 향상이 단 하나의 목표다. 리딩, 리스닝은 잠시 접어두자. 목표는 좁을수록 좋다. 스피킹 하나만 파도 안 될 판이다. 이 책은 영어 학습법 도서가 아니다. 영어 회화 학습법 도서다.

3. 해결책 중심

영어 공부의 필요성, 글쓴이의 영어 성공담, 동기 부여를 위한 인용구와 같은 에세이성의 내용은 거의 다루지 않는다. 내용의 신빙성 및 몰입도 유지를 위해서만 가끔 활용한다. 결국 여러분이 원하는 건 깔끔한 해결책이지 않는가? 여기까지 읽은 것만으로도 여러분의 학습 열정은 충분하다. 무조건 열심히 하라는 무책임한 말을 하지 않겠다. 그동안 여러분에게 부족했던 건 의지가 아니라 구체적인 전략이다.

4. '무엇'보다는 '어떻게'

왜 누구는 미드 공부로 효과를 보고, 누구는 효과를 보지 못할까? 미드 자체는 학습 자료일 뿐, 실력 향상을 가져오진 않는다. 같은 자료라도 어떻게 접근하냐에 따라 결과는 달라진다. 영어책, 미드, 유튜브, 어플은 난이도가 다를 뿐이지 사실 다 거기서 거기다. 핵심은 자료가 아니라 그 자료를 어떤 순서로, 어디에 중점을 맞춰서, 어떻게 학습할 것인가이다. 무엇으로 공부하는가보다는 어떻게 공부하는가를 파고든다.

5. 논리적 근거 제시

과거의 필자도 그랬지만 학습자의 대부분은 1달을 못 버티고 중간에 학습을 포기한다. 그 이유 중 하나는 학습법에 대한 확신이 부족해서다. 지금처럼 최선을 다해 공부하면, 실력이 확 늘 거라는 확신 말이다. 누구라도 특정 방법으로 공부했을 때 일정 성과가 보장된다면 잠을 줄여서라도 공부할 것이다.

따라서 필자는 단순히 해결책 제시에 그치지 않고, 해결책을 제시할 때 그 해결책이 왜 효과가 있는지, 어떤 과정을 통해 영어 스피킹이 향상되는지를 구체적인 근거로 뒷받침할 것이다. 해결책에 대한 근거와 효과를 명확히 이해해야, 독자분들이 자기 확신을 가지고 끝까지 밀어붙일 수 있기 때문이다.

Bonus! 일주일 독학 완성 플랜

이론만 배우고 실천하지 않으면 아무런 소용이 없다. 하지만 3년간 3,000명 이상 수강생을 상대로 '3시간 국내파 영어 회화 독학법'을 진행한 경험을 바탕으로 보건대, 시작하기가 가장 어렵다. 학습자들이 어떤 단계로, 어떤 자료로, 얼마나 공부해야 하는지 처음부터 파악하기는 쉽지 않기 때문이다.

그래서 책 마지막에는 배운 내용을 일주일 동안 직접 적용해보는 실전 연습을 넣었다. 혼자서도 바로 시작할 수 있도록 과제마다 피드백도 달아뒀다. 필자가 직접 등장해서 주의 사항, 학습 포인트, 노하우, 하기 쉬운 실수 등을 설명한다. 마친 후에는 다른 사람의 도움 없이도 스스로 학습할 수 있을 것이다. 스피킹 효율 100% 독학 습관 형성이 이 책의 최종 목표다.

차례

FAQ

PART3 · 실전 학습 플랜

PROLOGUE

프롤로그:

영어 회화, 한국에서도 되던데요?

많은 사람들이 영어 회화를 잘하려면 영어권에서 태어나거나 3년 이상의 해외 경험이 필수라고 믿는다. 읽기, 듣기는 몰라도 말하기만큼은 외국물을 먹어야 한다고 여긴다. 그도 그럴 게, 주변을 보면 영어를 잘하는 사람은 죄다 해외파다. 국내파치고 영어를 유창하게 하는 사람이 잘 없다. 갑자기 영어 실력이 눈에 띄게 향상된 사람도 안 보인다. 무엇보다, 자신이 직접 학습해보니, 노력 대비 결과가 0에 가깝다.

하지만 '영어 회화 ← 해외 경험' 명제는 틀렸다. 국내파인데 해외파만큼 영어를 잘하는 사람이 존재하기 때문이다. 그것도 생각보다 많다. (필자가 직접 만나고 이들이 영어 하는 걸 봤다.) 이들이 언어적 재능을 특별히 타고났다고 생각할 수도 있다. 그러나 필자는 '언어적 재능'이 정확히 무엇을 의미하는지, 존재하는지조차 의문이다. 만약 존재한다 하더라도 필자의 언어적 재능은 평균 이하라고 단언한다. 그동안 지나치게 많은 시간을 투자해서 목표를 달성했기 때문이다. 다른 사람이었으면 영어는 벌써 마스터하고, 지금쯤 다른 언어를 배우고 있었을 테다.

필자의 과거와 현재 영어 실력을 비교해보겠다. 여기서 딱 2가지만 느끼면 된다. 필자 역시 여러분과 똑같은 평범한 한국인이었다는 사실과, 여러분도 할 수 있다는 자신감이다.

과거 영어 회화 실력

필자의 첫 공인 어학 점수는 2009년 수능 3등급이다. 스피킹을 떠나서 전반적인 영어도 딱히 잘한다고 말할 수 없는 점수다. 결국 재수를 해서 1등급을 받았지만 수능은 스피킹이랑 아무런 관계가 없다. 수능 1, 2등급 받고도 외국인 앞에서 말 한마디 못 하는 사람이 수두룩하다. 필자도 그중 한 명이었다.

2010년 대학교 입학 후 손에서 영어를 아예 놓았다. (영어뿐만 아니라 모든 공부를 놨다.) 전공도 영어와 전혀 상관없는 사회학이었다. 그러다 2014년도에 교환 학생을 가려고 토플 공부를 했다. 120점 만점 중 87점을 받았다. 토익으로 환산하면 700점 후반대다. 특히, 스피킹 점수는 30점 만점 중 18점을 받았다. 아무 말이나 막 던져도 나오는 점수다.

그 당시 토플 시험을 볼 때 스피킹 영역은 아예 버렸다. 어차피 해도 안 될 거라 생각했기 때문이다. 다른 건 몰라도 스피킹은 해외 경험 없이는 안 된다고 스스로 합리화했다. 한국에서 백날 책을 붙잡고 씨름하는 거보다 교환 학생 한번 나갔다 오는 게 더 효과적이라 믿었다. 외국 한번 나가면 자연스럽게 스피킹이 늘 거라는 막연한 기대감을 가지고 있었다. 대안으로 2015년도 2학기에 국제학부 복수 전공을 신청했다. 국제학부에서는 모든 수업이 영어로 진행되기 때문에 교환 학생을 다녀오는 것과 비슷한 효과를 볼 수 있을 거로 기대했다. 그런데 이마저도 떨어졌다. 당연한 결과였다. 면접이 영어로 진행됐는데, 당시의 필자는 스피킹은 당연히 못했고, 인터뷰 질문조차 제대로 알아듣지 못했기 때문이다.

이때부터 본격적으로 스피킹 공부를 시작했다. 이왕 공부하는 거 국내에서만 해보고 싶었다. 나중에는 해외에 나갈 기회가 있었음에도 일부러 안 나갔다. 영어권으로 여행도 안 갔다. 이 다짐은 2020년 9월 지금까지도 유효하다. 앞으로도 해외를 나갈 계획

이 없다. 100% 한국에서만 공부해서 영어를 상당히 잘하게 되는 모범 사례가 되고 싶었다. 영어 회화, 한국에서 어디까지 잘할 수 있을까?

현재 영어 회화 실력

2016년도 서강대학교 영어 토론 대회에서 '베스트 스피커' 상을 탔다. 참고로 이 상의 평가 기준은 영어를 얼마나 잘하느냐가 아니다. 한국어 토론 대회에서 한국어를 잘한다고 상을 주진 않는다. 참가자 대부분이 해외파 또는 외국인이었기 때문에 영어 실력은 기본이었다. 토론 자체를 잘했기 때문에 상을 받았다. '스포츠에서 남성과 여성의 경기는 통합돼야 한다'와 같은 주제에 대해서 30분의 준비만으로 즉석에서 7분 이상 영어 스피치를 할 수 있었다. 오로지 토론에만 집중할 수 있을 만큼 영어 스피킹을 유창하게 했다.

그리고 같은 해에 국제학부 복수 전공에 합격했다. 반려당한 지 한 학기 만이다. 영어로 발표, 토론, 질문을 매끄럽게 할 수 있었다. 나아가 영어 리포트, 시험도 시간이 좀 더 들었을 뿐이지 유학파만큼 잘 따라갈 수 있었다. 불과 스피킹 공부한 지 1년도 안 돼서 이룬 성과다.

영어에 자신감이 생겨서 외국계 인턴만 지원했다. 독일계 회사 Bosch와 유엔난민기구 UNHCR 한국지사에 모두 최종 합격했다. 영어 자기소개서부터 시작해서 한영 번역 시험, 영어 인터뷰를 모두 통과했다. Bosch 인턴 당시에도 영어로 일하는 데 아무런 문제가 없었다. 오히려 영어로 의사소통할 때가 더 즐거웠다. 한국말을 아예 못 하는 브라질 파견 직원이 있었는데 번역, 통역 문제가 있을 때면 항상 필자한테 찾아오곤 했다.

이런 경험을 바탕으로 지금은 영어 스피킹을 가르치고 있다. 책 출판도 제안받았다. 대형 어학원으로부터 강사 제안을 받기도 했다. 자랑이 길었다. 재수 없게 생각해도 좋다. 여러분도 할 수 있다는 자신감을 조금이라도 가졌으면 그걸로 됐다.

3년 동안 해봤던 학습들

여기 오기까지 수없이 많은 시행착오를 거쳤다. 시도해본 영어 공부 종류 수로 치면 필자가 대한민국 1등이지 않을까 싶다. 대중적인 공부는 다 해봤다. 어학원, 스터디, 패턴 회화, 미드 시청, 쉐도우 스피킹, 표현 외우기, 일기 쓰기, 원서 읽기 등 안 해본 게 없다. 다녀본 스터디 개수만 해도 못해도 30개는 된다.

특이했던 영어 학습법으로는 모든 카톡을 영어로 하기, 한국어 수업 필기를 영어로 모두 바꾸기, 뭐라는지 안 들려도 그냥 영어 수업 듣기가 있다. 가장 기억에 남는 건 Free Coffee라는 제목으로 외국인 친구를 구하는 전단지를 학교 여기저기 붙이고 다닌 경험이다. 오죽했으면, 교내 카페에서 공부하고 있는 외국인한테 무작정 가서 되도 않는 영어로 말을 붙이기까지 했다.

FREE COFFEE

Hi! I'm a dude in HY univ.
I will buy you a cup of coffee (even Starbucks!!!!)
if you just talk with me in English.
I just wanna learn English and be your nice friend
Please feel free to contact me!!!!
그냥 영어 잘하시는 국제학부 한국분도 괜찮아요^^

문제는 열심히 노력했지만 별다른 효과가 없었다는 점이다. 지금와서 보니 그 방법이 틀렸었다. 그래서 투자한 노력의 1/10도 되돌려 받지 못했다. 하지만 이 글을 읽는 독자 여러분은 필자의 경험을 거울삼아, 똑같은 실수를 반복하지 않을 것이다. 여러분은 필자가 영어 공부 한다고 낭비한 시간을 가족과 함께, 친구와 함께, 다른 자기 계발하는 데, 휴식을 취하는 데 쓰시길 바란다.

지금부터 '스피킹 유창성'으로 가는 최단 루트로 안내하겠다.

PART 1
우리는 그동안 왜 영어 스피킹을 못했을까?

우리가 외국에 나간 적이 없어서 영어를 못하는 걸까? 단언컨데 절대 아니다. 정확한 진단이 있어야 정확한 치료를 받을 수 있다. 이제 핑계는 그만대고, 정확히 왜 우리가 그동안 영어, 특히 영어 회화를 못했는지 자세히 파헤쳐보자.

· 1 ·
영어 회화 학습 4단계

문제점&원인분석

영어 스피킹은 다음 8가지 요소로 이뤄져 있다:

발음, 인토네이션, 단어, 표현, 문법, 유창성, 자신감, 문화적 이해도

8요소 중 우리는 하나가 아니라 여러 문제를 동시에 가지고 있다. R/L 발음을 정확히 구분하지 못하고, 어색한 단어를 쓰기도 하며, 자신감도 떨어지고 문맥에 따라 적절한 표현을 쓰지 못한다.

여기서 빠지기 쉬운 함정이 모든 문제를 동시에 해결하려는 시도이다. 많은 학습자들이 발음도 고치고, 단어도 외우고, 문법도 교정하고, 심지어 영어권 문화까지 파려고 든다. 그러나 이렇게 하면 투자 자원이 분산되기 때문에 결국 어떤 영역도 개선하지 못한다. 따라서 최우선 문제부터 하나씩 해결해야 한다. 그리고 8요소 중 가장 큰 문제는 유창성, 즉 Fluency다.

Fluency란 얼마나 빠르게 영어 문장을 완성할 수 있는가이다. 'Ah… Um…' 없이 버벅이지 않고 깔끔하게 말할 수 있는 능력이다. 말하는 '속도'가 곧 Fluency다. 그렇다면 왜 Fluency가 가장 중요할까? 발음도 중요하고, 단어도 중요하고, 문법도 중요한데 말이다.

우리가 영어를 배우는 이유

규열이와 병권이가 외국계 회사 입사를 위해 아래와 같이 영어 면접을 쳤다 치자:

경제 위기에 미리 대응하지 않으면, 상황이 더 악화될 수 있다.

규열: If we don't…prepare…in…Ah…for!…Um…an economic … crisis…you know… Um…in advance, the…situation can… can…get…even worse!

병권: If not doing something for economic danger before, things go so worse.

규열이는 딱 맞는 단어를 썼을 뿐만 아니라 문법적으로 완벽한 문장을 구사했다. 글에는 보이지 않지만, 발음도 좋다. 반면, 병권이는 정확한 단어를 쓰지 못했을 뿐만 아니라 문법도 엉망진창이다. 발음도 콩글리시다. 여러분이 면접관이라면 둘 중 누구를 뽑겠는가? 당연히 병권이다. (불행히도 우리는 규열이 영어지만.)

이유는 간단하다. 규열이와는 영어로 업무가 불가능하다. 짧은 대화도 어렵다. 한 문장을 말하는 데 5초씩 걸려서 답답하고 속이 터진다. 반면, 병권이는 영어로 대화하는 데 큰 문제가 없다. 발음이 촌스럽고 문법도 많이 틀리긴 하지만 실전 대화는 발음 자랑 대회도 아니고 학교 문법 시험도 아니다.

우리가 영어를 배우는 이유는 단 하나다. 영어로 의사소통하기 위함이다. 그리고 8요소 중 의사소통을 가장 크게 좌우하는 건 Fluency다. 고급 단어를 외우고, 정확한 R 발음을 구사하고, 원어민 표현을 알고 있을지라도 'Um…', 'I mean…'을 연발한다면 의사소통은 불가능하다. 반대로 나머지 7요소가 조금 떨어질지라도 말하는 속도가 빠르면 충분히 의사소통이 가능하다. 따라서 현실적인 측면에서 나머지 7요소는 당분간 잊고 Fluency에 올인하는 게 합리적인 공부 방법이다.

영어 회화 학습 4단계

좀 다른 측면에서 Fluency를 보자. 우리는 순서대로 4단계를 거쳐 영어 회화를 배운다.

Step 1. Input : 회화에 필요한 기초 영어를 얼마나 많이 알고 있는가

Important, afraid, seem과 같은 기본 단어와 의문문, 동명사, 관계대명사와 같은 기본 문법을 배우는 게 Input이다. 토익, 수능에서 질리게 했으므로 우리는 이미 이 단계는 지났다. 하지만 모두 경험하고 있다시피 Input이 풍부하다고 바로 Output이 도출되진 않는다. 영단어는 알아도 말할 때 여전히 버벅인다. 규열이가 이 단계에 있다:

If… economy… economic crisis… prepare…

(단어, 문법을 알고 있으나 말하는 속도가 너무 느려서 단어만 던짐.)

Step 2. Fluency : 얼마나 속도감 있게 영어 문장을 완성할 수 있는가

Input을 빠르게 Output으로 돌려주는 치환 능력이 바로 Fluency다. Input에 Fluency가 더해져야 비로소 버벅이지 않고 매끄럽게 스피킹 할 수 있다. 하지만 Fluency는 속도감을 의미할 뿐 영어가 정확하지 않을 수 있다. 병권이가 이 단계에 있다:

If not doing something for economic danger before, things go so worse. (빠르게 말할 수 있음. 그러나 발음이 틀리고 단어, 문법적 실수가 있음.)

Step 3. Accuracy : 얼마나 정확하게 말할 수 있는가

속도에 더해 단어, 문법, 발음을 틀리지 않고 올바르게 영어를 구사할 수 있다. 회화 선생님 수준이다:

If we don't prepare for an economic crisis in advance, the situation can get even worse.

Step 4. Fancy : 얼마나 문화적으로, 문맥적으로 적절하게 말할 수 있는가

한 문장을 상황, 대상에 따라 다르게 말할 수 있다. 자유자재로 동의어, 원어민 표현, 나아가 슬랭을 구사할 수 있고 구어체에 능통하다. 원어민이 이 단계에 있다:

If we do not make preemptive plans prior to an economic downturn, the situation can get exacerbated.

잘못된 스피킹 학습

우리는 4단계 중 어디에 위치해 있을까? 보통 Step 1과 Step 2 사이에 걸려 있다. Input은 충분한데 Fluency가 떨어진다. Accuracy와 Fancy는? 너무 앞선 걱정이다. 기본 영어로도 제대로 말하지 못하는 상태에서 고급 단어나 원어민 표현을 배우는 일은 순서에 맞지 않다.

Step 1	우리 위치	Step 2		Step 3		Step 4
Input	▼	Fluency	→	Accuracy	→	Fancy

Fluency가 최우선순위임에도 불구하고 우리는 자꾸만 Accuracy, Fancy 학습에 집착한다. 되레 Step 4부터 거꾸로 공부하고 있다. 잘못된 학습 예시를 살펴보자.

예시1) **원어민 표현 배우기, 미드를 통해 문화 이해하기 등,
'Step 4 Fancy'에 집착하는 경우**

아래 문장을 영어로 말해보자:

> **남자 친구랑 여태까지 몇 번이나 싸웠는지 모르겠어.**
> (정답 보지 말고 말해보기)
>
> → I have no idea how many times I have fought with my
> boyfriend so far.

모르는 단어, 문법이 없음에도 불구하고 막히지 않고 유창하게 말하지 못했을 것이다. (예시 답안을 보고 쉽다고 생각하면 오산이다. 독해와 문장을 만들어내는 일은 완전히 다르다.)

여기서 '다투다'는 어떤 단어를 써야 할까? 'Have a falling-out'

을 사용하면 좋겠지만, 현시점에서 이와 같은 원어민 표현 배우기는 쓸데없다. 사실, 우리는 '다투다'를 뜻하는 단어 fight를 이미 알고 있다. 기본 단어인 fight도 못 쓰는데 have a falling-out을 배우겠다? 순서에 어긋난다. 문화적 이해도 마찬가지다. 우리의 현 문제는 문화적 이해를 떠나서 기본 문장을 재빨리 만들어내지 못한다는 사실이다.

한국어를 배우는 외국인을 생각해보자. 갑분싸(갑자기 분위기 싸해짐)와 같은 우리말 원어민 표현은 잘 쓴다. 또한 문화적 이해도를 바탕으로 '요'와 '입니다'를 적절히 사용한다. 그런데 "여기서 제일 가까운 서점이 어디예요?"를 말하는 데 10초 이상 걸릴 만큼 Fluency가 떨어진다면? 그건 빛 좋은 개살구일 뿐이다.

예시2) 어휘, 문법, 발음 등, 'Step 3 Accuracy'에 집착하는 경우

우리는 공부하면서 영자 신문, 원서를 통해 plummet(곤두박질치다), screech to a halt(갑자기 멈추다)와 같은 어휘를 더 많이 쌓으려고 한다. 그런데 우리는 이미 다른 기본 단어를 알고 있다:

- plummet = go down, decrease, decline, reduce, fall
- screech to a halt = stop, pause, end + suddenly, all of a sudden

이런 상황에서 동의어, 반의어를 배워봤자 Fluency에는 아무런 도움이 안 된다. 물론, 이 단어들 사이에는 미묘한 어감 차이가 있지만, 우리가 통역사나 작가가 아닌 이상, 일반적 의사소통에서 이런 차이는 큰 의미가 없다. 우리의 더 큰 문제는 아직 기본 단어도 빠르게 스피킹 하지 못한다는 점이다.

지나치게 발음, 인토네이션에 집착하는 일도 Fluency 이전에는 의미가 없다. 다시 한번 한국어를 배우는 외국인을 떠올려보자. 완벽한 한국어 엑센트를 가지고 있다 치자. 그런데 말하는 속도가 거북이마냥 느리면, 절대 한국어를 잘한다고 할 수 없다.

뒤에서 자세히 다루겠지만 '틀리면 어떡하죠?'와 같은 문법 걱정도 현 단계에서는 의미가 없다. 맞고 틀리고를 떠나 모든 문장을 버벅대는 낮은 Fluency를 해결하는 게 우선이다. 정확도는 속도가 올라와서 의사소통이 가능할 때 고친다. 생각해보면, 우리는 지금 발화량 자체가 적어서 뭐가 맞고 뭐가 틀렸는지 분석할 데이터 자체가 없는 상황일지도 모른다.

· 2 ·
Fluency가 우선이다

우리가 그토록 갈망하는 영어 커뮤니케이션을 위해서는
Fluency부터 잡자. Fluency는 다음과 같이 정의할 수 있다:

- 비록 어색한 단어와 표현을 쓰더라도 (Accuracy & Fancy)
- 비록 문법적으로 틀려도 (Accuracy)
- 비록 발음과 인토네이션이 조금 뭉개져도 (Accuracy)
- 비록 문화적 문맥에 맞지 않게 말을 하더라도 (Fancy)

① 기본 단어와 문장으로
② 영어 문장을 빠르게 만들어내는 '속도'.

필자를 포함해서 우리는 영어 공부를 중간에 포기한다. 가장 큰 이유는 아무리 공부해도 영어 실력이 진짜로 늘고 있는지에 대한 확신이 없기 때문이다. 이제부터 우리의 평가 기준은 단 하나다. Fluency다. 1달 공부했는데 과거보다 영어로 말하는 속도가 조금이라도 매끄러워졌으면 잘하고 있다는 뜻이다. 반면, 하루도 안 빠지고 어학원에 출석하고, 듣기도 많이 듣고, 표현도 많이 외웠는데 말하는 속도가 그대로다? 무언가 잘못된 것이다.

Fluency에 대한 오해

그런데 다음과 같이 생각할 수도 있다. "결국 Fluency도 단어, 문법, 표현에 의해 결정되는 거 아니야?" 그렇지 않다. 정답을 보지 않고 아래 문장을 영어로 말해보자.

네가 알든 모르든, 너는 같은 실수를 계속해서 반복해왔다.

→ Whether you know it or not, you have repeated the same mistakes.

아마 많이 주춤거렸거나 더 나쁠 경우 문장을 완성하지 못했을 것이다. 과연 단어, 표현을 몰라서 그랬을까? 문법을 몰라서 그랬을까? 그렇지 않다. 위 문장에서 예상 독자 여러분이 모르는 영어는 단 하나도 없다. 백번 양보해서 repeat을 몰랐다 치더라도

'make the same mistakes again and again'으로 충분히 말할 수 있었다.

한편, 병권이의 예시가 지나치게 과장됐다고 생각할 수도 있다. 발음도 한국적이고, 문법도 틀리고, 사용하는 단어도 기본적인데 말은 잘하는 경우 말이다. 현실에 이런 사람은 얼마든지 있다. 정도에 차이가 있을 뿐이다. 대표적으로 반기문 전 UN사무총장도 영어로 의사소통하는 거에는 전혀 문제가 없지만, 완벽한 미국식 발음과 100% 맞는 단어, 문법으로 스피킹을 한다고 볼 수 없다. 영어를 제2외국어로 배우는 다른 국가 사람들도 마찬가지다. 얼핏 보면 영어를 굉장히 잘하는 것처럼 보이지만 (속도감이 높기 때문에), 잘 들어보면 이들의 영어에는 특유의 엑센트가 묻어있고 문법적 실수도 많다.

나아가, 우리는 know의 유의어인 realize, be aware of까지 알고 있다. 물론 위에 쓰인 현재 완료 시제도 너무나도 잘 알고 있다. 그럼에도 불구하고 위 문장을 말할 때 여기저기서 주춤한다. 생각해보자. Realize, aware뿐만 아니라 whether, 현재 완료 구문을 실제 스피킹에서 과연 써본 적이 있는지. 이처럼 Fluency는 단어, 문법과 별개로 작용한다. Fluency가 왜 떨어지는지 그 원인을 살펴보면 더 정확히 이해할 수 있을 것이다.

문제점과 문제점이 아닌 것

지금부터 지상 최대 과제는 Fluency 향상이다. 현재 우리의 Fluency는 10% 이하다. 100문장을 말하면 90문장은 버벅이거나 말을 하지 못하고 10문장 정도만 유창하게 말할 수 있다. 이런 상태로는 영어 발표는커녕 해외여행 가서 외국인들과 맥주 한잔하는 것도 어렵다. 이 Fluency를 100%까지 끌어올리는 게 우리 목표다.

- 문제점인 것: Fluency → 올인
- 문제점이 아닌 것: 발음, 인토네이션, 단어, 문법, 표현, 문화적 이해도, 자신감 → 무시

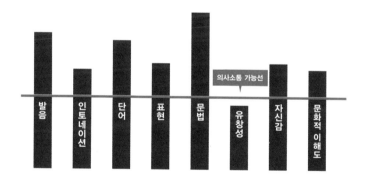

거꾸로 말하면 Fluency를 제외한 다른 요소는 모두 무시한다. 한꺼번에 여러 가지를 공부하면 이도 저도 안 된다. 단어? 아는 거부터 잘 쓰자. 문법? 느리게 맞게 말하는 거보다 틀리더라도

빨리 말하는 게 현실적으로 영어를 더 잘하는 사람이다. 게다가, 우리는 상대방이 못 알아들을 만큼 심각한 문법적 실수를 하지도 않는다. 다만 속도가 심각하게 느릴 뿐이다.

오해하지 말자. 발음, 단어, 문화적 이해도가 중요하지 않다고 말하는 게 아니다. 의사소통 가능성 관점에서 Fluency의 영향력이 가장 막강할 뿐이다. 동시에 우리 스피킹 상태를 들여다보면, 앞장의 표에서 나타내는 것과 같이, 8요소 중 Fluency만 '의사소통 가능선'에 미치지 못하고 있다. 사실, Fluency가 높았다면 여러분은 애초에 이 책을 집어 들지도 않았을 것이다. 왜? 영어로 말하는 데 아무런 문제가 없었을 테니까 말이다.

· 3 ·
낮은 Fluency 원인 ① 연상

리딩과 리스닝은 어느 정도 되는데, 왜 유독 스피킹 실력만 떨어질까? 더 정확히 문제점을 짚어보자면, 우리는 왜 이렇게 낮은 Fluency로 버벅일까? 가장 흔한 답은 '한국에 살면 영어로 말할 기회가 없어서'이다. 필자 역시 정확히 그렇게 생각했었다. 하지만 이 답변은 너무 추상적이어서 어떠한 해결책도 제시하지 못한다. '그래서 어쩌라고? 외국물 먹는 수밖에 없겠네?'라는 모호한 결론에 도달하게 될 뿐이다.

따라서 지금부터 '연상'과 '조합'이라는 2가지 틀을 통해, 우리의 스피킹이 느려터진 구체적인 이유를 살펴보자.

연상이란?

Fluency가 떨어지는 첫 번째 원인은 느린 연상 속도이다. 연상이란 자신이 영어로 말하고자 하는 한글 단어, 대상, 이미지, 생각에 대응되는 영어를 떠올리는 일이다. 예를 들어, '떠나기 전에 반드시 소지품을 챙기세요'를 영어로 말하고 싶다면 각 한글에 해당하는 영단어 leave(떠나다), before(전에), make sure(반드시), belongings(소지품), take(챙기다)를 머릿속 깊숙한 곳으로부터 끄집어내야 한다. 이 중에 하나라도 연상하지 못한다면 위 문장은 시간이 얼마가 주어지든 말할 수 없다.

떠나기 전에 반드시 소지품을 챙기세요.

→ Make sure to take all of your belongings with you before you leave.

떠나기	전에	반드시	소지품을	챙기세요
↓	↓	↓	↓	↓
leave	before	make sure	belonging	take

느려터진 연상 속도

바로 이 연상 속도가 느리기 때문에 Fluency가 떨어진다. 영어로 말하다가 '아, 소지품이 영어로 뭐였지…?' 하는 순간 스피킹이 막힌다. 그리고 이렇게 막힐 때마다 영어를 버벅거린다. 주의

할 점은, 우리는 결코 영단어를 몰라서 스피킹을 못하는 게 아니라는 사실이다. 단어 자체는 알고 있는데, 빠른 속도로 기억하지 못하기 때문에 버벅거린다. 떠올리는 시간만큼 스피킹이 느려진다. 틀려도 좋으니 아래 문장을 영어로 말해보자.

사람들은 핸드폰 없이 기다리는 일에 점점 참을성이 없어지고 있다.
(3초 동안 정답 보지 말고 말해보기)

→ People become more impatient with waiting without mobile phones.

아마 '참을성이 없다가 영어로 뭐였지?' 하며 멈칫했을 것이다. 그리고 정답을 보고 '아, 이거였지!'라고 외쳤을 것이다. Become, more, without, mobile phone에서도 막혔을 가능성이 크다. 이처럼 바로바로 연상하지 못할 때마다 Fluency가 떨어진다.

아는 것과 떠올리는 것의 차이

여기서 우리는 단순히 아는 것과 실제로 떠올리는 것의 차이를 짚고 넘어가야 한다. 영어를 '알고 있다'는 뜻은 그 영어를 독해 차원에서 이해할 수 있다는 의미다. 예상 독자는 이미 위 예시에 쓰인 모든 영단어를 알고 있기 때문에 독해는 금방 한다. 아는 것은 양적 개념으로, 얼마나 많은 단어, 표현, 문법을 머릿속에 '저장'하고 있는가이다. 위 예시에서 모르는 영어가 단 하나라도 있었는가? Impatient의 뜻을 몰랐는가? 아니다. 앞서 '영어 회화 4단계'에서도 말했다시피 우리의 Input은 이미 충분하다.

반면 연상, 즉 떠올리는 일은 양적인 개념이 아니라 질적인 개념이다. 얼마나 많이 '알고 있는가'가 아니라 얼마나 빠르게 저장된 지식을 끄집어내어 '인출할 수 있는가'이다. Impatient의 뜻을 단순히 알고 있는 일과, '참을성 없는 → impatient'로 연상하는 작업은 완전히 다르다. 정리하자면, 아는 것은 저장량, 떠올리는 것은 인출 속도와 연결된다. 말할 것도 없이, 그동안 우리는 저장만 많이 했지 정작 인출은 거의 안 해봤다. 많이 배웠음에도 써먹지 못하는 이유다.

서점에 비유해보자. 우리의 서점은 초대형이다. 보유 도서가 차고 넘쳤다. 그러나 우리 서점에서 일하고 있는 직원은 일이 서툰 신입이다. 손님이 원하는 책을 빠르게 찾아드리지 못한다. 오히려 책이 너무 많아서 특정 책을 뽑아내는 데 한참 걸린다. 자료는 많은데 자료 검색 속도가 느리다. 그래서 빠르게 손님을 응대할 수 없다. 스피킹도 똑같다. 우리는 이미 충분한 영어 지식을 가지고 있다. 그러나 그 영어를 빠르게 회상하지 못하기 때문에 말하는 속도가 답답하다. 정보 저장량은 충분한데 그 정보를 밖으로 불러내는 인출 속도가 느리다.

기존 학습법의 한계점

연상 관점에서 보자면, 더 많은 단어, 표현, 슬랭을 배우는 건 Fluency 향상에 도움이 되지 않는다. 여행 영어, 비즈니스 영어, 영자 신문 고급 어휘, 필수 회화 표현을 달달 외운다고 말하는 속도가 올라가지 않는다.

왜냐하면, 이 모든 학습은 저장량을 늘릴 뿐이지 저장된 정보를 끄집어내는 연상 속도에는 아무런 영향을 미치지 못하기 때문이다. 물론, 영어 초보라면 어휘 학습이 필요하다. 애초에 연상할 저장 데이터 자체가 부족하기 때문이다.

그러나 우리의 경우는 다르다. 우리는 이미 충분한 원자료를 보유하고 있다. '미루다'에 해당되는 영단어를 떠올려보시기 바란다. 우리는 put off, push back, postpone, delay, 나아가 procrastinate까지 알고 있다. 여기서 추가적으로 hold off, defer, take a rain check 등을 더 외운다고 해서 Fluency가 향상될까? 아니다. 독해력은 향상되겠지만 스피킹 실력은 그대로일 것이다. 단어를 외우는 것은 스피킹 능력 향상과 관련된 '연상 속도'를 전혀 건드리지 않는 공부이기 때문이다.

Fluency 향상을 위해서는 새로운 영어를 배우기보다, 기존에 알고 있는 영어를 스피킹 차원으로 끌어올리는 '복습'이 필요하다. 물론, 어떻게 복습할 것인가가 핵심이다. 'Put off = 미루다'라고 외우고 예문을 읽어보는 공부는 스피킹이 아니라 리딩 공부이다.

스피킹적 영단어 공부

단어 공부에는 '한→영 연상'과 '영→한 연상' 두 가지 방향이 있다. '영→한'은 독해 공부다. 'Put off→?' 문제를 풀면 단어의 뜻을 회상하게 된다. 그럼 앞으로 put off가 들어간 지문은 매끄럽게 독해할 수 있다. 그러나 막상 '일정을 미루다'를 스피킹 하려면 put off가 안 떠오른다. 연상 방향이 반대이기 때문이다.

영어 → 한글	한글 → 영어
put off → ?	미루다 → ?
한글뜻을 떠올림	영단어를 떠올림
리딩 속도 향상	스피킹 속도 향상 (Fluency!)

스피킹을 위해서는 한→영 방향으로 공부해야 한다. 즉, 한글 '미루다'를 놓고 영어 'put off'를 회상하는 시험을 쳐야 한다. 그래야만 나중에 '일정을 미루다'를 말할 때 바로 put off를 떠올려 말할 수 있다. 단어 공부라고 다 같은 단어 공부가 아니다. 방법에 따라 그 효과가 달라진다.

· 4 ·

낮은 Fluency 원인 ② 조합

Fluency가 떨어지는 두 번째 원인은 조합이다. 조합이란, 앞서 연상한 영어 단어들을 영어 문법 순서에 맞게 재배열하는 '계산' 능력이다. 필요한 퍼즐 조각(연상한 단어)을 찾았으면 조각 모양을 고려해서 전체 그림을 완성해야 한다(조합).

예를 들어, '사람들은 점점 더 핸드폰 없이 기다리는 일에 참을성이 없어지고 있다'에서 우리는 뒷장의 A처럼 연상한 순서대로 말하지 않는다. 연상한 단어를 영어 규칙에 따라 이리저리 재구성해서 B로 완성해야 한다:

A: People <u>more and more</u> <u>without mobile phones</u> <u>waiting</u> <u>impatient</u> <u>become</u>.

B: People <u>become</u> <u>more and more</u> <u>impatient</u> with <u>waiting</u> <u>without</u> <u>mobile phones</u>.

이제 우리는 스피킹을 한다는 행위를 보다 구체적으로 이해할 수 있다. 스피킹은 기본적으로 2단계로 이루어진다. 첫째, 영어를 연상한다. 둘째, 연상한 영어를 순서에 맞게 조합한다. 그리고 우리는 모든 단계에서 버퍼링이 발생하기 때문에 스피킹 속도가 떨어진다.

[스피킹을 한다는 의미]

Step 1. 연상 → Step 2. 조합

연상과는 또 다른 문제인 조합

다음 문장을 영어로 말해보자:

오늘, 지금까지 몇 번이나 핸드폰을 확인했다고 생각해?

(※ 현재 완료, check, so far 사용)

(2초 동안 정답 보지 말고 말해보기)

→ How many times do you think you have checked your cell phone today so far?

연상 문제를 떼놓고 조합 문제만 파악하기 위해 필요한 영어는 미리 적어놓았다. 그럼에도 불구하고 완벽한 문장으로 말하는 데 5초 이상 걸렸을 것이다. 조합 속도가 느리기 때문이다.

영어 조합이 어려울 수밖에 없는 3가지 이유

그럼 왜 우리는 연상한 영어를 빠릿빠릿하게 조합하지 못할까? 여기에는 3가지 이유가 있다.

① 한글 ≠ 영어

첫째, 한글과 영어는 다르다. 모든 학습법 책에서 강조하는 뻔한 이야기이다. 그런데 한글과 영어가 다르다는 게 구체적으로 어떤 의미일까? 발음이? 동양과 서양의 사고방식이? 그렇다면 왜 하필 두 언어의 차이가 어려움으로 이어지는 걸까? 더 쉬울 수도 있지 않은가?

한글과 영어가 다르다는 말은 두 언어의 조합 규칙이 서로 다르다는 뜻이다. 그리고 조합 규칙은 결국 문법을 의미한다. 아래 예시를 영어로 말해보자.

> **a. 중국어는 영어만큼 인기 있다.**
> **b. 너는 볼수록, 더 아름다워 보인다.**
> **c. 그녀는 항상 최선을 다하는 멋진 여자다.**
> (정답 보지 말고 말해보기)

> a. Chinese is as popular as English is.
>
> b. The more I see you, the more beautiful you look
>
> c. She is a great woman who always does her best.

모두 쉽고 짧은데 스피킹 하기에 버거웠을 것이다. 일부러 그런 문장만 뽑았다. 3가지 예시는 한 가지 공통점을 가지고 있다. 각 문장에 사용한 조합 규칙(as~as / the 비교급, the 비교급 / 관계대명사)이 모두 한글 조합 규칙과 매우 다르거나 한글에는 애초에 존재하지 않는 규칙이다. 그래서 조합 속도가 느릴 수밖에 없다. 지금껏 '계산'해보지 않은 배열이기 때문이다. 곱셈(한국어)만 계산하다가 뺄셈(영어)을 하려니 두뇌가 적응을 못 한다.

그중 예시 a, b의 경우, 아래와 같이 한국어와 영어 단어 배열 순서 및 구성 요소까지 완전히 다르다:

한국어 구성

중국어	는	영어	만큼	인기	있다
명사	조사	명사	조사	명사	동사

영어 구성

Chinese	is	as	popular	as	English	is
명사	동사	전치사	형용사	전치사	명사	동사

예시 c는 한국어와 영어의 조합 순서가 서로 완전히 반대이다:

한국어	항상 최선을 다하는 → 멋진 여자	전치 수식 (앞에서 꾸며줌)
영어	a great woman ← who always does her best	후치 수식 (뒤에서 꾸며줌)

한국어에서는 수식어구가 명사 앞에서 해당 명사를 꾸며주는 반면, 영어에서는 수식어구가 뒤에서 명사를 꾸며준다. 이처럼 영어의 조합 순서는 한글과 완전히 다르기 때문에 조합 시 속도가 느려질 수밖에 없다.

위 3가지 예시뿐일까? 전반적으로 영어는 한글과 조합 규칙이 다르다. 의문문, 4형식, 5형식, 사역 동사, 가정법, 관계 부사, 비교급 등의 문법뿐만 아니라, not only A but also B, it's not until that, no matter what까지 한글과 다른 영어 조합 규칙은 널렸다.

마찬가지로, 우리는 위에서 나열한 영어 규칙은 모두 알고 있는데, 조합 속도가 느리니 스피킹에서 써먹지를 못한다. 알고 있음과 적용할 수 있음은 다르다. 지금껏 위 예시를 실제 상황에서 몇 번이나 입으로 말해보았는가? 거의 없을 것이다. 나 혼자만 그런 게 아니라 영어 학습자 모두가 그렇다.

② 한국어 간섭 현상

한국어 간섭이란 영어로 조합할 때 한글 조합 규칙이 끼어드는 현상이다. 우리는 이미 한국어 조합 규칙을 몇십 년간 체화했다. 워낙 머릿속 깊숙이 한국어 조합이 박혀 있어서 영어 조합을 계산을 할 때도 불쑥불쑥 한국어 배열이 튀어나온다. 아래 예시를 보자:

아무도 너를 가르칠 수 없다고 생각해.
→ I don't think nobody can teach you.

눈치챌 수 있었는가? 이건 틀린 답안이다. Don't와 nobody를 같이 사용해서 이중 부정이 되었다. 그런데 이중 부정은 한국인이라면 누구나 자주 하는 실수다. 우리는 '아무도'와 '없어'를 항상 같이 쓰기 때문이다. 그러나 영어 'nobody'에는 두 뜻이 모두 담겨 있기 때문에 여기에 추가로 don't를 쓸 필요가 없다.

I think nobody can teach you. (O)

이러한 오류는 우연이 아니다. 위 예시도 유튜브에서 한 영어 선생님이 실제로 한 실수다. 한국어에 존재하는 이중 부정(아무도 +없다고 생각해)이 영어에 그대로 반영됐다. 이는 한국어 간섭 현상에 따른 필연적 실수다.

스피킹은 수학 함수 계산과 같다. 한국어 조합 규칙이 $f(x)=3x+7$이라고 하자. 그렇다면 영어의 조합 규칙은 $g(x)=5x-2$로 함수 자체가 아예 다르다. 우리는 태어나서 $f(x)$만 주야장천 계산해와서 $g(x)$라는 새로운 함수를 풀 때도 $f(x)$ 잔상이 남는다. 차라리, 0개 국어를 하는 백지상태에서 영어를 배우면 더 쉬울 것이다. 기존 한국어 함수의 간섭 없이 깨끗한 상태에서 $g(x)$ 영어 함수를 익힐 수 있기 때문이다.

③ 암산

더 큰 문제는 이렇게 어려운 영어 재배열 작업을 암산해야 한다는 점이다. 스피킹을 할 때는 펜과 노트가 주어지지 않는다. 오직 머리만 사용해서 문장을 '계산'해야 한다. 그것도 한 문장당 1초 내로 말이다. 상대방이 기다리고 있기 때문이다. 특히, 문장이 길수록 스피킹 난이도가 급격히 올라간다. 장문을 말할 땐 중간에 무슨 말을 했는지 잊어버릴 때가 많다. 그래서 어색하게 문장을 끝마친다. 배열해야 하는 조합 개수가 많기 때문이다. '$13+12=?$'은 어렵지 않다. 그러나 '$13+12+3+5+8=?$'처럼 연산이 길어질수록 암산이 어려워진다.

다시 말하지만, 스피킹은 얼마나 많이 알고 있느냐에 대한 양적 개념이 아니다. 수학과 같이 얼마나 빨리 계산할 수 있는가에 대한 질적 개념이다. 회화는 정보 쌓기가 아니라 정보 처리 속도 개선이다.

기존 회화 학습의 한계

조합 관점에서 보면 영자 신문, 원서 읽기는 스피킹에 도움이 안 된다. 이런 자료에는 이미 완전한 영어 문장이 완성돼 있고, 우리는 읽으면서 완성된 문장을 수동적으로 이해할 뿐이다. 이 과정에서 결코 스스로 영어 문장을 조합해보지 않는다. 정답지가 눈앞에 떡하니 있기 때문에 우리에겐 재배열 할 기회조차 주어지지 않는다. 도리어 영어 문장을 보고 한글순으로 조합하는 연습을 하게 된다. 그래서 독해 속도가 올라간다.

Fluency를 위해선 직접 수학 문제를 풀어보고, 직접 퍼즐 작품을 완성해보아야 한다. 라이팅이든 스피킹이든 영어 문장을 스스로 만들어봐야 한다. 그래야 영어 조합 규칙 적용 연습을 할 수 있기 때문이다. '영어로 사고한다'는 것은, 구체적으로 영어 문법에 따라 문장을 만들고 완성해보는 과정이다. 독해는 채워진 종이를 이해하는 일이다. 반면에 스피킹은 스스로 문장을 만들어서 빈 종이를 채우는 일이다.

많이 읽는다고 절대 스피킹 실력이 올라가지 않는다

리딩과 스피킹은 명백히 다르다. 리딩은 영어를 보고 한글을 조합하는 속도다. 반대로 스피킹은 한글을 영어로 조합하는 과정이다. 물론, 충분한 반복이 따라주면 '한 → 영' 과정 없이 바로 영어로 사고할 수 있다. 중요한 건, 리딩 공부를 하면서 스피킹 향상을 기대하면 안 된다. 그 반대도 마찬가지다. 다시 말하지만, 리딩은 완성된 퍼즐 조각을 단순히 해석, 감상하는 일이다. 반면, 스피킹은 처음부터 퍼즐을 완성해나가는 작업이다.

이처럼 영어와 한국어는 다르기 때문에 어렵다. 그러나 이 다름이 결코 불가능을 의미하진 않는다. 우리는 미국인보다 일본어를 더 빠르게 배운다. 일본어와 한국어는 조합 규칙이 유사하기 때문이다. 그렇다고 미국인이 일본어를 배우지 못할까? 아니다. 더 오래 걸릴 뿐이다. 어려우면 어려운 만큼 더 전략적으로, 더 많은 시간을 투자해서 극복하면 된다.

우리가 영어 스피킹을 못하는 진짜 이유

우리는 여태껏 Input 위주로 학습해왔고, 계속해서 더 많은 단어, 표현을 공부하고 쌓으려고 한다. 그러나 Input이 풍부하다고 자동적으로 Output이 나오진 않는다. 우리는 관계대명사를 알고 있음에도 불구하고 막상 스피킹으로 활용하진 못한다.

Input		PROCESS		Output
단어, 문법	→	Fluency =연상+조합	→	라이팅 스피킹

우리의 스피킹이 느린 이유? 착각하지 말자. Input이 부족해서가 아니다. Input을 처리해주는 Process 성능이 떨어져서이다. 스

피킹을 하려면 원자료 Input을 결과물 Output으로 돌려주는 중앙처리장치가 필요하다. 그럼 이 Process가 구체적으로 무엇을 의미하는가? 결국 연상과 조합으로 구성된 Fluency다. 영어 문장을 창조할 수 있는 문장 생성 능력 말이다. 알고 있는 단어와 문법을 속도감 있게 연상하고 조합해서 문장을 생성하지 못하니 스피킹 속도가 떨어진다.

Input과 Output의 독립성

귀가 트이면 입도 트인다는 말이 있다. 완벽한 거짓말이다. 멀리 갈 것도 없이 우리의 영어 상태만 봐도 알 수 있다. 완벽히 들리는 수능, 토익 지문의 절반도 스피킹으로 하지 못한다. 반대 경우도 있다. 바로 필자다. 필자는 스피킹에 비해 상대적으로 리스닝이 약하다. 말은 곧잘 하는데 가끔 상대방 말을 잘 알아듣지 못한다.

리딩, 리스닝은 Input 싸움이다. Input이 많을수록 더 많이 읽고 들을 수 있다. 여기서는 외부 영어 정보를 수동적으로 받아들이기만 하면 되기 때문에 정보 이해 능력이 중요하다. 그러나 라이팅, 스피킹을 할 때는 영어 정보를 내부로부터 적극적으로 생산해내야만 한다. 그러기 위해서는 연상과 조합 능력이 필수이다. 스피킹은 정보 생산 능력이며, 이는 곧 Fluency 싸움이다.

4가지 영역을 골고루 학습하라고?

누구는 리딩, 리스닝, 라이팅, 스피킹 모두 동시에 골고루 학습해야 스피킹이 향상된다고 말한다. 그러나 우리의 목표는 오로지 스피킹(그중에서도 Fluency)이다. 서로 긴밀히 연관되어 시너지 효과가 난다면 다 같이 공부하는 게 맞다. 그러나 정보의 수용과 생산 측면에서 리딩, 리스닝은 스피킹과 분리돼 있다. 게다가 우리의 영어는 이미 삐뚤어져 있다. 그동안 리딩과 리스닝만 해와서 스피킹은 젬병이다. 설령 4가지 영역이 서로 관련 있다고 하더라도 이미 한쪽으로 치우쳐져 있기 때문에 우선 스피킹만 파야한다.

Input 학습으로의 함정

그런데 현 영어 스피킹 생태계를 보면 대다수의 공부가 Input 쌓기다. 학생들은 Fluency 향상은 뒤로 한 채, 새로운 단어, 표현, 정확한 문법, 발음, 슬랭을 배우려 한다. 학생, 선생님 두 입장 모두 겪어본 경험을 바탕으로 왜 그런지 설명하겠다.

우선 선생님부터 Input 늘리기에 앞장서는데 여기엔 두 가지 이유가 있다. 첫째, 가르치기 편하다. 관계대명사 쓰임을 설명하는 일은 쉽다. 그러나 학습자가 관계대명사를 사용해 여러 문장을 실제로 말해보게 하는 건 매우 까다롭다. 특정 주제를 주고

"자 이제 말해보세요!" 하면 우리가 활발하게 말할까? 천만의 말씀이다. 안 한다. 못 한다.

체육 선생님이 피겨 스케이팅 공중 3회전하는 법을 이론으로 가르치는 건 쉽다. 그러나 학생들이 실제로 공중 3회전을 하도록 훈련시키는 건 훨씬 까다롭다. 그 전에 누구는 스케이트 자체를 못 탈 것이며 누구는 집중조차 하지 않는다. 막상 3회전을 하려 해도 이미 그 전에 배운 이론은 까먹은 지 오래다. 쉽게 말하면, Input 전달은 가르침이고 Output 실행은 트레이닝이다. 가르침은 다 거기서 거기다. Output 차이는 바로 트레이닝에서 온다.

둘째, 돈이 된다. Input 전달은 기본적으로 1 : N 형식이 가능하다. 미드에 나온 'stop fiddling with it'이 무슨 뜻인지, 예시는 어떤 게 있는지는 동시에 다수에게 설명할 수 있다. 반면에, 'stop ~ing / fiddle with'를 학생 스스로 말해보게 하려면 소수 수업으로 갈 수밖에 없다. 1 : 1이 가장 이상적이다. 질문하고 학습자가 계속 말하도록 세부 질문, 도움이 필요하기 때문이다.

그러나 1 : 1로 아무리 비싼 과외비를 받는다고 하더라도 온라인으로 100명, 1,000명 끌어모으는 게 사업적으로 더 이득이다. 마케팅 측면에서도 트레이닝형 콘텐츠보다, 전달형 콘텐츠를 짜는 게 더 쉽다. 유튜브 영상을 만든다고 해도, 'to 부정사 훈련하기'보다 '우리가 몰랐던 to 부정사 쓰임새'가 찍기도 쉽고 클릭률도 높다.

우리 스스로 무덤을 판다

학생 스스로도 공부를 하다 보면 Input 학습으로 빠진다. 여기엔 3가지 이유가 있다. 첫째, 우리는 Input 타성에 젖어 있다. 대부분의 학습자에겐 수능, 토익 공부가 영어 공부의 전부였다. 그리고 두 가지 공부 모두 단어, 문법을 핵심으로 하는 100% 집어넣기식 공부다. 그동안 이해하고 외우고 풀어보기만 했지, 문장 자체를 스스로 만들어보지 않았다. 그래서 이 방법 외에 도대체 어떻게 영어를 공부해야 할지를 모른다. 그러니 스피킹을 공부한다 해도 자기도 모르게 리딩, 리스닝 공부로 빠진다.

둘째, 결과물이 보인다. Input은 단어 몇 개, 숙어 몇 개식으로 그날 공부한 양을 측정할 수 있다. 필기와 밑줄을 보면 뿌듯하다. 그러나 Process는 눈에 보이지 않는 질적 개념이다. 당장 측정 가능한 성과가 안 보이니 자연스럽게 펜을 들고 무언가 찾아보고 공책에 적는 방식으로 돌아간다. 더군다나 Input 학습은 모르는 걸 배우는 과정이기 때문에 재밌고 성취감도 높다. 예를 들어 'fiddle=만지작거리다'를 알게 되면 무언갈 배운 느낌이 든다.

반면, Process는 기본적으로 아는 걸 복습하고 연습하는 과정이기 때문에 발전한다는 느낌이 상대적으로 덜 든다.

마지막으로 Input 학습은 편하다. 그냥 듣고 이해만 하면 된다. 그러나 Fluency 향상은 더 많은 에너지가 요구된다. 머리를 굴리고 입을 열어서 몇 번이고 반복해야 하므로 귀찮고 힘들다. 반복해야 하는 건 누구나 아는데 정작 실천하는 사람은 몇 안 된다. 소리 내는 게 어색하기도 하고 무엇보다 무의식 수준에서 우리의 두뇌가 반복을 귀찮아하기 때문이다.

학습 원리를 이해해야 하는 이유

정리하자면, 기존의 영어 생태계는 개인 차원에서뿐만 아니라 시스템 차원에서 Input 학습으로 치우쳐 있다. 선생님, 학습자, 학교, 학원, 인터넷 플랫폼이 서로 맞물려서 Input 위주의 학습 굴레를 더욱 강화하고 있다.

우리는 애초에 Process를 인지조차 못 하고 있었다. Input 학습에는 단어, 표현 공부 등 이름이 붙어 있다. 그런데 Process는 이를 명명하는 이름조차 존재하지 않는다. 그래서 이게 우리가 영어를 못하는 가장 큰 원인인데도 정작 인식을 하지 못한다. Process라는 말은 그냥 필자가 갖다 붙인 말이지 현 영어 교육

세계관에서는 Fluency에 관련된 용어 자체가 없다. 스피킹 공부는 해야겠는데, 아는 거라곤 죄다 Input 공부밖에 없으니 엉뚱한 Input만 쌓는다. 현실에서 스피킹 콘텐츠 관련 강의와 학원이 넘쳐나는데도 회화 실력자가 거의 없는 이유다. 노력 문제가 아니다. 시스템 자체가 왜곡되어 있으니 개인의 노력과 상관없이 다 같이 망할 수밖에 없다.

영어 회화 학습법을 철저하게 이해해야 하는 이유가 여기 있다. 아무 생각 없이 남들 따라, 선생님이 시키는 대로 학습하면 Input 위주의 학습으로 가게 돼 있다. 자기 스스로 Process, 즉, Fluency가 문제란 걸 인지하고 끊임없이 학습 방향을 이쪽으로 틀어야 한다. 남들처럼 30분 동안 수동적으로 영어 인강만 들으면 이해력만 올라가지 Fluency는 그대로다.

강의 이해는 5분이면 충분하다. 나머지 시간은 강의를 멈추고 강의에 나온 영어를 활용해 문장을 스스로 최대한 많이 생성해봐야 한다. 미드, 영화, 유튜브 보기도 마찬가지다. 그냥 듣기만 하면 리스닝 공부다. 연상과 조합의 과정이 포함되지 않으면 스피킹 공부가 아니다. 듣는 건 최소한으로 하고 영상에 나온 문장을 안 보고 말해보거나 응용해서 새로운 문장을 스스로 만들어봐야 한다.

스피킹 실력의 차이는 튜터, 스터디, 학원의 차이에서 오지 않는다. 어차피 배우는 건 다 비슷하다. 왜곡된 Input 위주의 학습을 얼마나 Process 향상으로 돌릴 수 있는가가 스피킹 향상을 결정한다. 그리고 이 방향은 오로지 빗나가지 않으려는 우리의 의식적 노력에 달려 있다. 그럼 어떤 공부가 Process를 건드리는 학습인지 하나씩 살펴보자.

PART 2
국내파 영어 회화 3단계 독학법

스피킹 속도감을 높이기 위한 3가지 독학법을 소개한다. 3가지 모두 지금 당장 혼자서 실천할 수 있는 방법이다. 스피킹은 기본적으로 혼자서 공부할 때 가장 빠르게 개선할 수 있음을 느낄 것이다. 레벨별로 해결책을 정리하였다. 쉐도우 스피킹, 블라인드 스피킹, 센텐스 메이킹 순으로 난이도가 점점 올라간다. 무작정 3가지를 동시에 시작하지 말자. 자신은 어느 단계에 있는지 파악한 후 그 단계에 맞는 해결책부터 학습하길 권한다.

II.
독학법 ①

읽기가 매끄러워지는

쉐도우 스피킹

· 1 ·
쉐도우 스피킹이란?

레벨	문제점	해결책
1	영어 지문을 보고 매끄럽게 못 읽음	쉐도우 스피킹
2	영어 지문을 보지 않고 유창하게 못 만들어냄	블라인드 스피킹
3	배운 문장을 응용&변형해서 스피킹 하지 못함	센텐스 메이킹

첫 번째 해결책부터 살펴보자. 영어 스피킹에 관심이 있었다면 쉐도우 스피킹 또는 쉐도잉을 한 번쯤 들어보았을 것이다. 그만큼 인기 있고 보편적인 영어 회화 학습법 중 하나이다. 그런데 인터넷을 보면 쉐도잉만 열심히 하면 무조건 영어 회화가 늘 거라

고 묘사돼 있다. 반은 맞고 반은 틀리다. 쉐도잉은 분명 영어 스피킹에 도움이 되지만 그 한계점도 명확하다. 왜 쉐도잉을 해야 하고, 한계점은 무엇이고 또 그 한계점은 어떻게 극복하는지 모두 설명하겠다.

쉐도우 스피킹이 필요한 학습자

먼저, 아래 영어 지문을 소리 내서 읽어보자:

I'm a really inconsistent coffee drinker. I go without it for weeks sometimes. I think, more often, I might enjoy a cup a day, maybe two. But back in my university days, man, I used to have like 4 to 6 cups easily, sometimes to get myself through exam weeks.

전 정말로 불규칙하게 커피를 마셔요. 가끔은 커피 없이 몇 주도 지내죠. 제 생각에는 보통 하루에 한 잔 또는 두 잔 정도 마시는 거 같아요. 하지만 대학교 시절에는 4~6잔은 쉽게 마시곤 했죠. 가끔 시험 기간을 버티기 위해서요.

[유튜브 〈IS COFFEE UNHEALTHY… or healthy?〉 중]

만약 위 지문을 읽을 때 모르는 발음이 있다거나, 못 끊어 읽어서 숨이 찬다거나, 리듬감이 없다거나, 높낮이가 없거나, 읽는 게 어색하고 버벅였다면 우선 쉐도잉에 올인한다. 영어 읽기에서 막혀버리면 나머지 두 해결책은 실천조차 못 한다. 매끄러운 영어 읽기는 Fluency 훈련을 위한 대전제이자 준비 운동이다.

Fluency를 기르려면 영어를 보지 않고 배운 걸 스스로 기억해서 빠르게 내뱉는 능력이 필요하다. 그런데 영어 스크립트를 보고도 제대로 읽지 못한다면 안 보고 유창하게 말할 수 있을 리 없다. 매끄럽게 읽지를 못하니 연습 자체가 어렵다. 또한, 읽는 능력이 떨어지면 전반적인 스피킹 효율도 떨어진다. 10초에 느리게 1문장 읽는 사람보다 막히지 않고 10문장 읽는 사람이 시간 대비 학습 결과가 높은 건 당연하다. 아직 영어 지문을 잘 읽지도 못하는가? 당분간 쉐도잉 하나만 파자.

초보자가 아니라면 누가 지문을 보고도 못 읽겠냐고 생각할 수 있다. 그러나 튜터링 경험상, 토익 700점 이상 학생의 약 30%는 영어 지문을 자연스럽게 읽지 못한다. 의사소통이 가능할 정도의 발음, 인토네이션, 박자감, 매끄러움을 고려해서 잘 읽는 건 생각보다 어려운 일이다. 물론, 100% 완벽한 소리로 읽을 필요는 없다. 발음에 대한 과도한 집착은 영어 회화 4단계 중 3단계인 Accuracy에 속하기 때문이다. 다만, 상대방이 알아들을 수 있고, 무엇보다 반복 훈련에 방해가 되지 않도록 매끄럽게는 읽을 수 있어야 한다. 연기를 위해 대본을 암기할 때, 대본 자체를 읽지도 못하면 아예 연습이 불가능한 것이랑 똑같다. 그러니까 쉐도잉은 Fluency 훈련(step 2, 3)을 위한 준비 운동이다.

쉐도잉이란?

유튜브 영상 보기

쉐도잉은 영어를 들은 후에 똑같이 따라서 말해보는 연습이다.
핵심은 '똑같이 따라서'이다. 발음, 인토네이션, 끊어 읽기, 연음,
리듬감, 강세, 웃음소리까지 그대로 따라 한다.

[영상 리스닝] I'm a really inconsistent coffee drinker.

[본인 스피킹] I'm a really inconsistent coffee drinker. (x 3)

[영상 리스닝] I go without it for weeks sometimes.

[본인 스피킹] I go without it for weeks sometimes. (x 3)

…

쉐도잉을 왜 해야 할까?

쉐도잉은 올바른 영어 소리를 내도록 도와준다는 장점이 있다.
쉐도잉은 일종의 '소리 복사기'다. 올바른 영어 소리를 복사해서
(영상 리스닝 = 소리 Input) 기존에 잘못된 소리를 버리고 원어민
영상 소리로 바꿔서 내뱉는다(본인 스피킹 = 소리 Output). 쉐도잉
은 어떤 소리 요소를 개선해주는지 살펴보자.

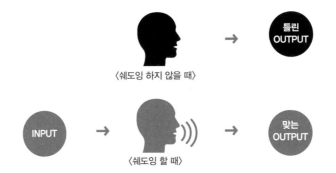

のキャプション

〈쉐도잉 하지 않을 때〉

〈쉐도잉 할 때〉

발음

위 예시를 듣는 과정 없이 바로 읽는다면, inconsistent를 틀리게 발음할 수 있다. 인'콘'시스턴트인지, 인'컨'시스턴트인지 헷갈린다. 강세가 in에 있는지 con에 있는지 확실치 않으며, 맨 뒤에 t 발음을 얼마나 강하게 하는지도 모른다. 그러나 영상 속 올바른 발음 [인-컨!시스턴t]를 듣고 따라 하면 해당 단어를 올바르게 읽을 수 있다.

인토네이션

인토네이션은 문장의 높낮이다. 한국어는 높낮이가 영어보다 상대적으로 약한데 문제는 우리가 영어를 할 때 이 약한 한국어 인토네이션이 그대로 반영된다는 점이다. 그러나 쉐도잉의 올바른 Input → Output을 거치면 조금씩 영어식 인토네이션을 습득하게 된다.

〈쉐도잉 전〉

I'm a really inconsistent coffee drinker. I go without it for weeks sometimes. I think, more often, I might enjoy a cup a day, maybe two. But back in my university days, man, I used to have like 4 to 6 cups easily, sometimes to get myself through exam weeks.

〈쉐도잉 후〉

I'm a really inconsistent coffee drinker. I go without it for weeks sometimes. I think, more often, I might enjoy a cup a day, maybe two. But back in my university days, man, I used to have like 4 to 6 cups easily, sometimes to get myself through exam weeks.

끊어 읽기 & 리듬감

레벨 1 학습자는 쉬었다 읽어야 하는 부분을 놓치고 계속 읽는다. 반대로 이어서 읽어야 하는 데 쉬어 읽기도 한다. 그래서 어색하게 들린다. 그러나 쉐도잉 훈련을 한다면, 보이지 않는 끊어 읽기 규칙과 리듬감을 자연스럽게 습득할 수 있다.

I'm a / really inconsistent coffee drinker. // I go without it for / weeks sometimes. // I think, more often, I might enjoy a cup a day, / maybe two. But / back in my university days, / man, I used to have like / 4 / to 6 cups / easily, / sometimes / to get myself through exam weeks.

(/는 짧게 쉬어 읽기, //는 길게 쉬어 읽기)

강조

이외에도 쉐도잉을 통해 특정 부분을 늘려 말하는 등 강조하는 법도 배울 수 있다. 영상을 보면 단순히 "I'm a really"로 읽지 않고 "I'm a RE—ALLY"로 길게 말한다. 이렇게 쉐도잉을 통해 어떻게 하면 영어를 자연스럽게 읽을 수 있는지를 익힐 수 있다.

도달 결과

쉐도잉을 끝내면 연습한 지문만큼은 매끄럽게 읽을 수 있어야 한다. 쉐도잉을 했는데 발음이 틀리거나, 말하다 막힌다거나, 내 영어가 영상과 지나치게 다를 경우 다시 해야 한다. 쉐도잉을 얼마나 반복해야 하는가? 정답은 베낀 영상과 비슷하게 유창하게 읽을 수 있을 때까지다. 물론 하루 만에 100% 똑같이 할 수는 없겠지만, 상대적으로 소리 영어는 금방 체득한다. 수강생들을 봤을 때 평균 2주 정도면 변화를 느낄 수 있다.

필자도 과거에는 전형적인 한국식 영어 발음을 가지고 있었다. 그러나 〈CNN 10(10대를 위한 CNN)〉으로 쉐도잉을 하다 보니 완벽하진 않지만, 그 앵커와 비슷한 영어 소리를 습득할 수 있었다. 그런데 누구는 쉐도잉을 통해 효과를 보지만 누구는 그렇지 않다. 같은 레벨이라도 쉐도잉 방식에 차이가 있기 때문이다. 어떻게 하느냐가 효과를 결정한다. 이어서 '어떻게'에 대해 알아보자.

· 2 ·
쉐도잉 기본 원칙 및 학습팁

필자는 온라인 영어 회화를 진행하면서 1,000명 이상의 쉐도잉 연습 과정을 봐왔다. 공통적인 실수가 일관적으로 발견됐고, 총 6가지 유형으로 정리할 수 있었다. 이를 바탕으로 쉐도잉 시 반드시 지켜야 할 기본 원칙 3가지와 추가적인 팁 3가지를 설명하겠다.

쉐도잉 기본 원칙 3가지

1) 못 따라 하면 다시 듣기

만약 쉐도잉을 했는데 아래와 같이 Input과 Output이 다르게 나왔다 치자. 기계적으로 '듣고→말하기'에만 집중한 나머지 틀려도 그대로 반복하는 학습자가 있다. 그럼 원래 자신이 가지고 있던 틀린 소리를 반복하는 꼴이라 영상을 보는 의미가 없다. 말하기 자체가 중요한 게 아니다. 듣고 나서 정확히 똑같이 따라 말하는 게 중요하다. 소리 '복사'라는 쉐도잉의 목적에 충실하자.

[영상 리스닝] I'm a RE-ally inconsistent coffee drinker.
[본인 스피킹] I'm a really inconsistent coffee drinker.

따라서 위 경우는 영상 되감기를 해서 다시 한번 들어보고 따라 한다. 만약 했는데 뭔가 또 틀린 거 같다? 똑같이 말할 수 있을 때까지 되감고 따라 하고를 반복한다. 들었는데 아예 따라 하지 못하는 경우도 당연히 다시 되감아서 듣는다. 영상 소리와 자기 소리의 발음, 높낮이, 음정, 리듬감이 똑같이 들릴 때까지 따라 해야 한다.

[영상 리스닝] I'm a RE-ally inconsistent coffee drinker.
[스피킹] 아예 못 따라 함 → 되감기

[영상 반복] I'm a RE-ally inconsistent coffee drinker.
[스피킹] 20% 따라 함 → 되감기

[영상 반복] I'm a RE-ally inconsistent coffee drinker.
[스피킹] 80% 따라 함 → 되감기

[영상 반복] I'm a RE-ally inconsistent coffee drinker.
[스피킹] 100% 따라 함 => 비로소 다음 문장으로 넘어감

영어 회화, 한국에서도 되던데요?

2) 영상을 멈추고 따라 하기

> ※ 영상을 중지하지 않고 0.3초 시간 차를 두고 똑같이 따라 읽음
>
> [영상 리스닝] **I'm a really inconsistent coffee drinker. I go without it for weeks sometimes. I think, more often⋯**
>
> [본인 스피킹]   **I'm a really inconsistent coffee drinker. I go without it for weeks sometimes. I think, more often⋯**

위처럼 영상을 재생한 채로 따라 읽는 학습자가 있다. 이 경우 영상 소리와 자기 소리가 겹치기 때문에, 하면서도 내가 정확히 따라 하고 있는지 없는지 모른다. 오히려 자기 소리가 영상 소리에 묻혀서 잘하고 있다는 착각을 불러일으킨다. 따라서 정확한 비교를 위해 한 문장을 들었으면 영상을 끊고 나서 스피킹을 한다. 비교 시 차이가 있으면 되감기를 통해 다시 돌아간다.

> [영상 리스닝] **I'm a really inconsistent coffee drinker.**
> → [영상 중지]
> [본인 스피킹] **I'm a really inconsistent coffee drinker.**
> → [영상 재생]
>
> [영상 리스닝] **I go without it for weeks sometimes. I think, more often⋯**
> → [영상 중지]
> [본인 스피킹] **I go without it for weeks sometimes. I think, more often⋯**
> → [영상 재생]

참고로 쉐도잉에 익숙해진 사람은 영상을 틀어놓고 따라 해도 된다. 왜냐하면, 굳이 비교하지 않아도 한 번에 정확히 따라 할 수 있기 때문이다. 이 경우가 아니라면, 특히 초중반에는 정확한 비교 및 되감기를 위해서 영상을 끊고 따라 하는 게 좋다.

3) 반복

한 번 듣고 단번에 따라 할 수 있다고 해서 바로 다음 문장으로 넘어가면 안 된다. 지금 똑같이 말할 수 있다 한들 몇 초 지나면 원래대로 돌아갈 수 있기 때문이다. 예컨대, inconsistent를 똑같이 따라 했다 치자. 하지만 며칠 후 이 단어를 다시 봤을 때 발음을 까먹을 수도 있다.

[영상 리스닝] **I'm a really inconsistent coffee drinker.**

→ 영상 중지 → 본인 스피킹

I'm a really inconsistent coffee drinker.
I'm a really inconsistent coffee drinker.
I'm a really inconsistent coffee drinker.

[영상 리스닝] **I go without it for weeks sometimes. I think, more often⋯**

→ 영상 중지 → 본인 스피킹

I go without it for weeks sometimes. I think, more often⋯
I go without it for weeks sometimes. I think, more often⋯
I go without it for weeks sometimes. I think, more often⋯
⋯

영어 회화, 한국에서도 되던데요?

따라서 위와 같이 3번은 반복을 해줘야 완전히 내 것으로 만들 수 있다. 이렇게 해야 나중에 영상을 굳이 듣지 않더라도 올바르게 영어를 읽을 수 있다. 영어 소리는 발음을 한글로 써놓는다든가, 높낮이를 종이에 일일이 표시해서 습득할 수 없다. 이건 마치 노래 배울 때 음정을 하나하나 외우려고 하는 시도와 같다. 발음, 인토네이션, 리듬감, 강세는 머리가 아니라 몸이 기억한다. 그리고 몸이 기억하게 하기 위해서 반복은 필수다.

하지만 영상을 아무리 되감아 들어도 따라 하기 어려울 수 있다. 특히 문장이 길거나 영상 말하기 속도가 빠르면 그렇다. 물론, 10번이고 50번이고 되감아 들으면 따라 할 수도 있다. 그러나 지나친 되감기는 지루할뿐더러 비효율적이다. 쉐도잉은 어려우면 안 된다. 한 번 듣고 바로 따라 말할 수 있을 정도로 쉬워야 한다. 따라서 쉐도잉을 쉽게 할 수 있는 3가지 팁을 소개한다.

쉐도잉 쉽게 하는 팁 3가지

1) 느리게

잠깐 미드 〈프렌즈〉 얘기를 해보자. 왜 하필 이 미드인지 모르겠으나 〈프렌즈〉는 대표적인 영어 학습을 위한 미드 중 하나다. 그래서 필자도 〈프렌즈〉 첫 편으로 공부해봤다. 가장 크게 느낀 건 '너무 어려운데…? 모두 이걸로 공부한다고?'이다. 어휘 난이도를 떠나서 말하기 속도 자체가 너무 빨라서 따라 하기조차 버거웠다. 어떤 부분은 혀가 너무 꼬여서 이게 영어 공부인지 혀 꼬기 운동인지 헷갈릴 정도였다. 나름 쉐도잉에 익숙해진 필자도 이러는데 처음 해보는 사람들은 오죽할까. 그도 그럴 게 온라인에는 짧은 한 문장을 50번씩 반복하는 컨텐츠가 있을 정도다. 하지만 반복은 필요하지만 불필요한 반복은 낭비다.

[영상 리스닝] I always figured you just thought I was Monica's geeky older brother.

[본인 스피킹] 왜 이렇게 빨라? → 되감기

[영상 리스닝] I always figured you just thought I was Monica's geeky older brother.

[본인 스피킹] 뭐라는지도 안 들리네… → 되감기

[영상 리스닝] I always figured you just thought I was Monica's geeky older brother.

[본인 스피킹] I always… 뭐였지? → 되감기

…

되감기 20번 결과

[본인 스피킹] I always figured you just thought I was Monica's geeky older brother.

…

휴… 드디어 해냈네… 다음 거 또 언제 하나…

[〈프렌즈〉 시즌 1 에피소드 1 중]

그렇다고 영상이 빠르다고 느린 영상으로만 해야 하는가? 아니다. 우리가 알아서 난이도를 낮추면 되고 그 방법 중 하나가 영상 속도를 느리게 하는 일이다. 처음 춤을 배울 때 느린 동작으로 배우듯이 말이다. 먼저 0.9배속으로 떨어뜨린다. 그래도 한 번에 못 따라 하겠으면 0.8배속으로 낮춘다. 한 번 듣고 한 번에 따라 말할 수 있을 때까지 속도를 늦춘다.

※ 0.7 배속으로 재생

[영상 리스닝] **I always figured you just thought I was Monica's geeky older brother.**
[본인 스피킹] **I always figured you just thought I was Monica's geeky older brother.**

한 번에 따라 말했다! 할 만한데? 아! 반복해야지!

I always figured you just thought I was Monica's geeky older brother.

I always figured you just thought I was Monica's geeky older brother.

→ 다음 문장으로

쉐도잉 시 유일하게 속도는 따라 하지 않아도 된다. 발음, 인토네이션, 리듬감, 강세는 모두 속도를 줄여도 여전히 베낄 수 있다. 속도는 하다 보면 나중에 자연스럽게 올라온다. 만약 속도부

터 따라 가려고 하면? 혀가 꼬여서 정작 중요한 나머지 소리 요소가 무너진다. 발음도 얼버무리고 인토네이션도 이상해진다. 춤을 추긴 추는데 엉망진창 자세로 추는 거와 같다. 따라서 어떤 영상이든 어려우면 속도를 떨어뜨린다. 한 번 듣고 한 번에 따라 할 수 있어야 한다. 되감기는 어려운 부분만 예외적으로 몇 번만 하는 게 좋다. 점차 익숙해지면 0.8배, 0.9배, 원래 속도로 조금씩 올린다.

2) 끊어서

한 번에 따라 하기 어려운 경우가 또 있다. 바로 문장이 긴 경우다. 문장이 길 경우 속도를 느리게 하더라도 쉐도잉 하기 쉽지 않다. (실제로 오른쪽 박스에 있는 문장은 속도도 매우 빠르다. 아무 전략 없이 쉐도잉 하면 하루 종일 해도 안 된다.) 따라 하는 도중에 들었던 영어를 까먹기 때문이다. 1분짜리 노래를 한 번에 이어서 듣고 따라 한다고 생각해보라. 당연히 중간에 음정이 기억나지 않을 것이다. 그 결과 불필요하게 구간 반복을 많이 하게 된다.

> **아무튼, 오늘 밤 혼자 있기 싫으면, 조이하고 챈들러가
> 내 새 가구 조립하는 걸 도와주러 올 거야.**

[영상 리스닝] Anyway, if you don't feel like being alone tonight, Joey and Chandler are coming over to help me put together my new furniture.

[본인 스피킹] Anyway.. if you don't feel··· feel에 강세가 있었나? → 다시

[영상 리스닝] Anyway, if you don't feel like being alone tonight, Joey and Chandler are coming over to help me put together my new furniture.

[본인 스피킹] Anyway, if you don't feel like being alone··· 끝을 올렸나?
　　　　　　→ 다시

...

되감기 20번 결과

[본인 스피킹] Anyway, if you don't feel like being alone tonight, Joey and Chandler are coming over to help me put together my new furniture.

[〈프렌즈〉 시즌 1 에피소드 1 중]

해결책은 간단하다. 한 번에 하기 벅찬 과제는 작은 과제 여러 개로 쪼개면 쉬워진다. 긴 문장은 한 번 듣고 따라 할 수 있는 길이로 잘게 잘게 자른다. 한 문장이라고 한 번에 하지 않고, 쉽게 할 수 있도록 2~3단어마다 한 번씩 끊는다. 한 번 듣고 못 따라 한다면 더 작은 단위로 끊어서 따라 한다.

[영상 리스닝] Anyway

[본인 스피킹] Anyway (x 3)

[영상 리스닝] if you don't feel like

[본인 스피킹] if you don't feel like (x 3)

[영상 리스닝] being alone tonight,

[본인 스피킹] being alone tonight, (x 3)

[영상 리스닝] Joey and Chandler are coming over

[본인 스피킹] Joey and Chandler are coming over (x 3)

[영상 리스닝] to help me put together my new furniture.

[본인 스피킹] to help me put together my new furniture. (x 3)

※ 마지막 문장은 좀 길게 끊어보았다. 그러나 이 길이가 어렵다면 역시 더 끊어서 한다.

[영상 리스닝] to help me put together

[본인 스피킹] to help me put together (x 3)

[영상 리스닝] my new furniture.

[본인 스피킹] my new furniture. (x 3)

[〈프렌즈〉 시즌 1 에피소드 1 중]

3) 합쳐서

긴 문장을 끊어서 했다면 다시 처음으로 돌아간다. 이번에는 조금 더 큰 단위로 끊어서 쉐도잉 한다. 왜냐하면, 너무 잘게 끊어서 했을 때 놓친 전체적 인토네이션과 연음을 이때 익힐 수 있기 때문이다. 이렇게 하다 보면 더 길게 말하는 데 익숙해지기 때문에 쉐도잉 속도를 올릴 수 있다. 한 문장을 10개로 쪼개는 사람보다 5개로 쪼개는 사람이 더 빨리 그 문장을 끝낼 수 있다.

[영상 리스닝] Anyway, if you don't feel like being alone tonight,

[본인 스피킹] Anyway, if you don't feel like being alone tonight, (x 3)

[영상 리스닝] Joey and Chandler are coming over to help me put together my new furniture.

[본인 스피킹] Joey and Chandler are coming over to help me put together my new furniture. (x 3)

※ 만약 통째로 따라 할 수 있다? 통째로 한다. 쉐도잉 단위는 자신이 한 번에 따라 할 수 있는 최대 단위로 하면 된다.

쉐도잉은 절대 어려우면 안 된다. 나에게 적합한 콘텐츠를 고르는 기준은 하나다: 한 번 듣고 그대로 따라 할 수 있는가? 만약 그렇지 않다면, 속도를 낮추고 문장을 자르자. 느리고 짧은 문장이 잘 되면 그다음에 속도를 올리고 문장을 합친다.

· 3 ·
쉐도잉 연습 추천 자료

쉐도잉 자료 선정 시 가장 먼저 고려해야 할 사항은 리스닝 난
이도다. 즉 자막을 켜고 들었을 때 한 번에 들리는 자료로 쉐도잉
한다. 그래서 '리스닝 → 스피킹×3 → 리스닝 → 스피킹×3' 패
턴이 유지돼야 한다. 그런데 만약 리스닝 수준이 높아서 한 번에
안 들리면 어떻게 될까? 한 번에 들리지 않으니 스피킹은 연습조
차 못 한다. 다시 듣기 위해 되감기 한다. 들릴 때까지 몇 번이고
되감았다가 들릴 때 비로소 스피킹 연습을 할 수 있다. '리스닝
→ 리스닝 → 리스닝 → 리스닝 → … → 스피킹 ×3' 패턴이다.
이는 스피킹 측면에서 보면 낭비다.

기준: 자막 켜고 리스닝이 한 번에 들리는가?	
O	X
리스닝 → 스피킹 x 3 리스닝 → 스피킹 x 3 리스닝 → 스피킹 x 3	리스닝 → 안 들려서 못 따라 함 → 되감기 리스닝 → 또 안 들림 → 되감기 리스닝 → 스피킹 x 3
스피킹 9회	스피킹 3회

혹자는 '어려운 자료로 하면 그만큼 많이 듣기 때문에 스피킹과 더불어 리스닝까지 잡을 수 있지 않는가?'라고 말한다. 애초에 쉐도잉이 스피킹뿐만 아니라 리스닝에도 도움이 된다고 말하는 사람도 있다. 실례로 영어 초보인데 곧바로 미드나 영화로 시작하는 학습자들이 있다. 현실은? 에피소드 한 편도 못 끝내고 그만두는 경우가 허다하다. 애초에 잘 들리지 않으니 스피킹 연습은 시작도 못 한다. 들으려고 한 구간만 10번씩 반복하니 지루하다. 따라 하는 건 더 문제다. 들리지도 않을 만큼 빠른데 그 속도를 스피킹으로 쫓아갈 수 있을리가 없다. 리스닝, 스피킹 둘 다 잡으려다가 이도 저도 안 된다.

우리 목표는 리스닝, 리딩, 라이팅도 아니고 스피킹이다. 스피킹만 파도 급할 판이다. 그리고 스피킹도 너무 광범위해서 우선 다른 거 다 접어두고 Fluency 하나만 파기로 정하지 않았는가? 쉐도잉은 무조건 쉬워야 한다. 그래서 불필요한 리스닝 반복이 없어야 한다. 자막 켜고 한 번 들었을 때 바로 들리는 자료로 하자.

닮고 싶은 화자

두 번째로 고려해야 할 요소는 영상 화자의 스피킹 스타일이다. 사람마다 선호하는 스피킹 스타일이 다르다. 누구는 영국식 발음, 높낮이가 확실한 인토네이션을 가진 영어를 좋아하는 반면, 누구는 미국식 발음, 차분하고 힘 있게 들리는 영어를 좋아할 수도 있다. 이왕 하는 거 자신이 닮고 싶은 영상으로 한다. 당연한 얘기지만, 쉐도잉을 하면 소리의 모든 걸 따라 하기 때문에 자연스럽게 그 화자의 스피킹 스타일을 닮는다. 필자는 자신감 있고 활기찬 영어가 좋아서 〈CNN 10〉 남자 앵커를 따라 했다.

참고로 쉐도잉 시 리딩 난이도는 고려하지 않아도 된다. 무슨 말인가 하면, 들리기만 한다면 해석은 전혀 안 돼도 무방하다. 필자가 〈CNN 10〉 지문으로 쉐도잉 했다고 해서 그 지문을 모두 이해했을까? 아니다. 이해가 안 되는 부분이 더 많았다. 그러나 어쨌든 자막을 보면 들리기 때문에 따라 하는 데는 아무 지장이 없었다. 그러나 안 보고 문장을 다시 만들어 내야 하는 step 2에서는 반드시 이해가 필요하다.

자료 리스트

처음에는 유튜브로 시작하자. 10분 내외로 길이가 짧기 때문에 끝내기 쉽다. 또한 레벨과 주제가 다양해서 다른 컨텐츠보다 자신에게 맞는 자료를 찾기 쉽다. 미드, 영화는 생각보다 난이도가 높고 분량이 길다. 따라서 최소한 첫 1달은 유튜브로 학습법을 익히고 미드, 영화로 넘어가자. 참고로 아래 채널은 모두 영어 자막을 제공한다. 유튜브 내에서 되감기, 속도 조절이 용이하기 때문에 컴퓨터 한 대만 있으면 바로 시작할 수 있다.

	초급	중급	〈고급
유튜브	영어: The English Coach 다양: Alux.com 동기부여: Team Fearless 일상팁: Meghan Livingstone 브이로그: Jenn Im	교육: After School 자기계발: Mitch Manly 다양: Lavendaire 일상팁: Better Ideas 심리: Practical Psychology 여행: Cool Vision 자기계발: Andrew Kirby 마케팅: Vanessa Lau 브이로그: Miki Rai 패션: AWxlnc 자기계발: Improvement Pill	재테크: The financial Diet 브이로그: John Fish 공부팁: Ali Abdaal 역사: Simple History 교육: Casually Explained 일상: Amy Landio 교육: Crash Course
미드 & 영화	X	〈500일의 썸머〉 〈원더〉 〈너의 모든 것〉	〈프렌즈〉 〈안녕 헤이즐〉 〈인턴〉

쉐도잉의 허와 실

쉐도잉은 발음, 인토네이션, 리듬감 등 '소리 영어' 개선에는 큰 도움이 된다. 쉐도잉 자체가 원어민 소리를 듣고 똑같이 따라 말하려는 연습이기 때문이다. 사실, 영어 읽기는 쉐도잉 독학으로 가장 쉽고 빠르게 개선할 수 있다. 1 : 1로 원어민에게 과외를 받는다고 하더라도 선생님이 우리의 혀를 움직이고 박자감을 밀어 넣어줄 순 없다. 예를 들어, 사투리를 머리로 일일이 계산하면서 배우지 않는다. 그냥 사투리 쓰는 사람을 듣고 따라 하다 보면 자연스럽게 비슷하게 나온다.

그러나 쉐도잉만으로 모든 게 해결되지는 않는다. 쉐도잉의 명확한 한계점은 Fluency를 전혀 개선하지 못한다는 점이다. 영어 소리가 자연스러워지지만 말할 때는 여전히 버벅인다. 필자의 사례로 돌아가보자. 〈CNN 10〉 남자 앵커로 쉐도잉을 하면서 나름 매끄럽게, 꽤 괜찮은 발음으로 영어를 읽을 수 있었다. 그래서 자신감도 붙었다. 그러나 영어 수업에 가서는 여전히 한 마디도 못했다. 열심히 갈고 닦은 발음을 보여주고 싶은데 말할 문장을 머릿속으로 만들어내지 못했다. 실전에서는 보고 읽을 스크립트가 없다. 〈CNN 10〉 앵커가 사용한 어휘, 문장 구조의 1%도 사용하지 못했다. 필자만 그럴까? 아니다. 회화 스터디에 가보면 발음은 정말 어디 살다 온 거 같은데 'I mean...'만 연발하는 사람이 흔하다. (반대로 발음은 별론데 유창하게 말하는 사람은 극히 드물다.)

두 가지를 정확히 구분하고 넘어가자. 지문을 보고 영어를 자연스럽게 읽는 일과 책을 덮고 문장을 스스로 만들어내서 말하는 일은 다르다. 전자는 소위 발음 좋은 사람, 후자는 필자가 강조하는 Fluency가 높은 사람이다. 전자는 쉐도잉으로 도달할 수 있지만 후자는 전혀 그렇지 않다.

당연한 결과다. 쉐도잉을 하는 과정에서 영어 지문을 보고 소리만 베꼈을 뿐이지 영어 문장을 스스로 만들어보지 않았기 때문이다. 필요한 단어를 떠올리고, 단어를 머릿속으로 배열하고, 문장을 스스로 생성해보는 연습이 쉐도잉에는 빠져있다. 정리하자면, 쉐도잉을 통해 소리 영어를 개선할 수 있지만 Fluency의 본질인 문장 생성 능력, 즉, 연상과 조합 속도는 향상할 수 없다. 따라서 읽기는 잘하는데 영어 문장을 만들어내지 못하는 사람은 쉐도잉으로 얻을 수 있는 게 없다. 필자는 이 사실을 너무 늦게 알았다. 돌이켜보면 쉐도잉은 1달 정도면 충분했었다. 그럼 다음 장에서 쉐도잉 연습을 한 후, 본격적으로 Fluency를 높이는 2단계 공부 방법을 알아보자.

· 4 ·

실전 연습

I am an introvert, and I love it. And I'm not alone. Introverts are everywhere, and our quiet approach to life, our need for solitary time, isn't a flaw - it's a gift. But as an introvert, it's not always easy to realize how wonderful you are.

The world feels like a place that rewards extroverts. Where being loud is mistaken for being confident and happy. Where everyone has something to say, but nobody listens. A world of open-plan offices, networking parties, and big personalities. For those who speak softly, it's easy to feel left out.

STEP 1. 한 문장씩 쉐도잉 [연습]
STEP 2. 처음부터 끝까지 매끄럽게 읽기 [시험]
예상 소요 시간: 30분

영어 회화, 한국에서도 되던데요?

주의사항

1. 못 따라 하면 다시 듣고 따라 하기
2. 영상 멈추고 따라 하기
3. 듣고 → 3번 반복 스피킹
4. 어려우면 속도 낮춰서
5. 긴 문장은 쪼개서
6. 쪼갠 문장은 다시 합쳐서

III.
독학법 ②

배운 걸 내 것으로 만드는

블라인드 스피킹

· 1 ·
블라인드 스피킹이란?

레벨	문제점	해결책
1	영어 지문을 보고 매끄럽게 못 읽음	쉐도우 스피킹
2	영어 지문을 보지 않고 유창하게 못 만들어냄	블라인드 스피킹
3	배운 문장을 응용&변형해서 스피킹 하지 못함	센텐스 메이킹

쉐도잉을 통해 매끄럽게 영어를 읽을 수 있게 되었다면 이제 레벨 2다. 레벨 2에 있는 학습자는 영어를 매끄럽게 읽을 수 있으나 영어 스크립트 없이는 말을 못 한다. 쉽게 말하면 배운 문장을 실전에서 써먹지 못한다. 이제 두 번째 독학법인 블라인드 스피킹을 할 차례다.

블라인드 스피킹이란?

I'm a really inconsistent coffee drinker. I go without it for weeks sometimes. I think, more often, I might enjoy a cup a day, maybe two. But back in my university days, man, I used to have like 4 to 6 cups easily, sometimes to get myself through exam weeks.

전 정말로 불규칙하게 커피를 마셔요. 가끔은 커피 없이 몇 주도 지내죠. 제 생각에는 보통 하루에 한 잔 또는 두 잔 정도 마시는 거 같아요. 하지만 대학교 시절에는 4~6잔은 쉽게 마시곤 했죠. 가끔 시험 기간을 버티기 위해서요.

블라인드 스피킹이란 영어 문장을 안 보고 스피킹 해보는 훈련이다. 위 지문으로 쉐도잉을 끝냈기 때문에 이제 꽤 괜찮게 영어를 읽을 수 있다. 그러나 실전에서 막상 '불규칙하게', '지내다', '대학 시절'을 말하려고 하면 기억이 안 난다. 머릿속이 하얘진다. 이 상황을 미리 경험하고 대비하는 게 블라인드 스피킹이다.

블라인드 스피킹을 하면서 스크립트를 보지 않고 배웠던 문장을 다시 한번 적극적으로 회상한다. '대학교 시절'이 영어로 뭔지 적극적으로 연상한다. 그리고 모든 단어를 조합해서 완벽한 문장을 다시 한번 재배열 해본다.

쉐도잉은 영어 답지를 보고 베끼는 연습이다. 머리를 굳이 쓸 필요가 없다. 반면에 블라인드 스피킹은 답지를 덮고 정답을 스스로 만들어내는 적극적 영어 학습이다. 교과서를 읽기만 하면 그 당시에는 100% 다 외웠다는 착각에 빠진다. 그러나 책을 덮고 확인해보면 까먹은 내용이 수두룩하게 생긴다. 그래서 책을 보지 않고 다시 한번 적어보거나 문제를 풀어보지 않는가? 영어 스피킹도 마찬가지다. 쉐도잉이 몸풀기라면 블라인드 스피킹부터가 진짜 영어 공부다. Fluency를 직접적으로 건드리는 연습이다.

[Step 1. 보고 읽기]

But back in my university days, man, I used to have like 4 to 6 cups easily, sometimes to get myself through exam weeks.

Step 2. 안 보고 읽기 (블라인드 스피킹)

[수반되는 사고 과정]

1. 대학 시절이 영어로 뭐였지? → But back in my university days,

2. 감탄할 때는? → man

3. ~하곤 했다? → used to

4. 주어+동사+목적어+부사로 조합해서 → I used to have like 4 to 6 cups easily

5. 시험 기간 → exam weeks

6. 잘 헤쳐나가는 건? → get through

7. ~하기 위해서? → 문법 to 부정사

8. 이걸 모두 잘 조합해서 → sometimes to get myself through exam weeks.

다시 한번 말하지만, 영어가 막히는 이유? 이해를 못 해서가 아니라 배운 걸 빠르게 *끄*집어내지 못하기 때문이다.

Fluency가 올라가는 과정

물론 한 번에 안 보고 말할 수 없다. 여러 번 머릿속으로 떠올리고 배열해보고 만들어보는 과정을 반복해야 한다:

But back ··· 전치사가 뭐가 쓰였지? for이었나 in이었나 from이었나?

→ 영어 지문 확인

But back in my university day··· days? 단수였나 복수였나?

→ 영어 지문 확인

But back in my university days, man, I··· ~하곤 했다가 뭐였지?

→ 영어 지문 확인

···

→ 한글만 보면서 말하기

But back in my university days, man, I used to have like 4 to 6 cups easily, sometimes to get myself through exam weeks.
되긴 되는데 너무 버벅거리네··· 더 연습해야지

→ 한글만 보면서 말하기 다시 시도

But back in my university days, man, I used to have like 4 to 6 cups easily, sometimes to get myself through exam weeks.
드디어 매끄럽게 나오네! 한 문장 끝!

이처럼 안 보고 몇 번이고 만들어봐야 비로소 완벽한 문장을 깔끔하게 말할 수 있다. 이 과정에서 '시험 기간을 잘 버티다'와 'get myself through exam weeks'의 연결 고리가 강해진다. 그리고 점차 문법 순서에 맞게 계산하는 조합 속도가 의사소통을 할 수 있을 만큼 빨라지게 된다.

블라인드 스피킹 과정

STEP 1. 한 문장씩 안 보고
STEP 2. 처음부터 끝까지 한글만 보고 영어로 말하기

위와 같은 방식으로 한 문장 한 문장씩 마스터한다. 그리고 나서 제대로 익혔는지 확인하기 위해서 한글만 보고 쭉 말해본다. 이때 중간에 한 번이라도 막히면 그 부분은 더 반복해야 한다. 도달해야 하는 목표는 마치 통역사처럼 한글만 보고 100% 유창하게 말할 수 있는 지점이다. 제3자가 들었을 때 '영어 보고 읽는 거 아니야?'라는 착각이 들 정도로 깔끔해야 한다. 다음 페이지로 넘어가기 전, 91쪽의 예시를 STEP 1, 2를 거쳐 공부하고 넘어가자. 짧은 지문이지만 족히 30분은 걸릴 것이다.

영어 회화, 한국에서도 되던데요?

블라인드 스피킹을 하는 2가지 방법

1) 청크 단위로 하기

> You have to make sure you break down your big goal into small goals while you are moving forwards for each and every time.
>
> 여러분은 반드시 큰 목표를 작은 목표들로 쪼개야 합니다 / 매번 여러분이 앞으로 나아가는 동안.
>
> → 영어 가리고 Speaking!

위 문장을 연습 후 블라인드 스피킹 해보자. 가장 하기 쉬운 실수가 You부터 every time까지 읽고 또다시 처음부터 반복하는 것이다. 그 결과 블라인드 스피킹을 하면 다음과 같이 버벅인다:

> You have to make··· sure you break··· down your big goal into···
> small goals while you are moving··· forwards for··· each··· and
> every time.

하나의 긴 문장을 한 번에 연상하고 한 번에 조합하려 하니 어려울 수밖에 없다. 이렇게 완성도가 떨어지는 문장은 10분 지나면 다 까먹는다. 결과적으로 공부를 안 한 거나 마찬가지다. 100% 완벽하게 스피킹한 문장도 시간이 지나면 까먹을 판이다.

청크 단위로 자르기

블라인드 스피킹 연습 전 아래와 같이 청크 단위로 문장을 쪼갠다. 여기서 청크란 '의미 덩어리'다. 예컨대, 'make sure'은 '반드시 ~하다'라는 뜻을 가진 의미 단위다. 그러나 'sure you break'는 한 청크가 될 수 없다. 따라서 이 단위로 스피킹을 연습할 수도 없다. 'Make sure' / 'you break down'은 각각의 뜻을 갖기 때문에 각각의 청크로 나눌 수 있다.

> You have to make sure / you break down / your big goal / into
> small goals / while you are moving forwards / for each and every
> time.

청크로 나눴으면 이 청크 단위로 구간 반복을 한다:

```
You have to make sure
You have to make sure
You have to make sure
…
you break down
you break down
you break down
…
your big goal
…
```

이처럼 작은 의미 단위를 하나씩 하나씩 마스터한다. 그러면 정보 처리량이 부담되지 않기 때문에 한 조각씩 쉽게 마스터할 수 있다. 비유를 들자면, 12+37+59를 한번에 계산하기보다는 (12+37)+59로 연산하는 게 훨씬 효율적이다. 실제로 스피킹 할 때도 'You have to ~ every time.'을 한 번에 뚝딱 생각하고 말하지 않는다. 'You have to make sure that'까지 말하고 좀 쉬며 생각하고 다음 문장을 이어간다.

청크 단위 늘리기

청크는 최소 의미 덩어리로, 실력에 따라 그 크기를 키울 수 있다. 예를 들어, 'you break down / your big goal'이 어렵지 않으면 'you break down your big goal'을 한 덩어리로 묶는다. 청크 크기는 블라인드 스피킹을 하다 보면 자연스럽게 커진다. 왜냐하면 조합 능력이 올라감에 따라 한 번에 처리할 수 있는 영어 정보량이 증가하기 때문이다. 또한, 반복해서 읽다 보니 자연스럽게 입에 익는, 소위 패턴이 형성되기 때문이다. I / think / that 이라고 끊어 읽지 않고 한 단위로 'I think that' 이어 읽지 않는가?

한편, 청크 단위가 커질수록 학습 속도가 가속화된다. 아래 다른 예시를 보자:

I applied for several companies, but I was turned down from all of them.
몇몇 회사에 지원했지만, 모두 거절당했다.

① I applied for / several companies, / but I was turned down / from all of them.
② I applied for several companies, / but I was turned down from all of them.

---

②번은 조합 청크가 크기 때문에 ①번보다 절대 반복량이 더 적다. 12+37+59를 끊지 않고 단번에 연산하는 셈이다. 그래서 같은 시간 대비 남들보다 더 많이 연습할 수 있다. 결론적으로 잘하는 사람은 더 빨리 실력이 올라간다. 격차가 점점 벌어진다. 블라인드 스피킹을 할수록 청크가 커진다. 청크가 커짐에 따라 더

많은 양을 블라인드 스피킹하고 이에 따라 또 청크가 더 커진다. 선순환 구조이다.

확실한 끊어 읽기와 이어 읽기

한 청크 내에서는 절대로 버벅여서는 안 된다. I applied for / several companies에서 'I applied··· for'라고 나오면 안 된다. 한 청크는 Iappliedfor / severalcompanies와 같이 마치 한 단어처럼 스피킹한다. For와 several 중간은 청크 사이기 때문에 반대로 확실하게 쉬어준다. 만약 'I applied for several companies'가 한 청크라면 'Iappliedforseveralcompanies'와 같이 한숨에 말한다. 연습할 때도 중간에 끊지 말고 한 단어처럼 붙여서 반복한다. 만약 어렵다면 이 청크는 아직 자신에게 무리라는 뜻이다. 더 잘게 쪼개야 한다. 첫 예시를 올바르게 학습했다면 다음과 같은 결과가 나와야 한다:

Youhavetomakesure / youbreakdown / yourbiggoal / intosmallgoals / whileyouaremovingforwards / foreachandeverytime.

청크 누적해서 반복하기

아래와 같이 청크를 누적하면서 반복한다:

You have to make sure (x 5)

You have to make sure / you break down (x 5)

You have to make sure / you break down / your big goal (x 5)

...

You have to make sure / you break down / your big goal / into small goals / while you are moving forwards / for each and every time. (x 5)

앞 청크를 확실히 마스터하고 다음 청크와 이어서 연습하면 조합 능력을 기를 수 있다. 뒤로 갈수록 조합해야 하는 가지 수가 많아지기 때문이다. 청크를 하나씩 추가하기 때문에 점차적으로 조합 정보 처리량을 올릴 수 있다. 만약 처음부터 통으로 한 문장을 처리하려고 하면 벅차서 계산이 안 된다. 긴 문장을 말할 때 중간쯤 가서 앞 내용을 잊어버린 경험을 한 적이 있을 것이다. 우리가 조합할 수 있는 문장의 길이가 짧기 때문이다. 누적 반복은 정확히 이 문제를 해결해준다.

그리고 누적 반복하다 보면 자연스럽게 'you break down / your big goal' 두 청크가 하나로 붙는다. 누적하는 만큼 반복량이 배가 되고 그에 따라 이 문장이 익숙해지기 때문이다. 청크 누적을 응용한다면, 문장을 누적해서, 최종적으로는 한 문단 전체를 누적해서 학습할 수 있다. 핵심은 이전 청크, 문장, 문단이 완벽하지 않다면, 절대로 다음 파트로 넘어가지 않는 것이다. 양보다는 질이다. 외웠다 싶을 정도로, 과할 정도로 매끄럽게 말할 수 있을 때 비로소 다음 문장으로 넘어간다.

연습 문제

1) 청크로 끊고 2) 누적 반복으로 학습 후 3) 한 문장씩 블라인드 스피킹 후 4) 한글만 보고 영어로 말하기

Working in your home office allows you to work anytime you'd like, anyway you'd like. You can work even in your pajamas. You can customize your workspace with a walking desk, adjust your home office's lighting, or add decorations that inspire you.

재택 근무는 원하는 시간, 원하는 방식으로 일할 수 있게 한다. 잠옷 차림으로도 일할 수 있다. 서서 하는 책상으로 업무 공간을 개인 맞춤화 할 수 있고, 재택 조명을 조절할 수도 있고 또는 영감을 주는 장식을 추가할 수도 있다.

→ 한영 시험 [25초]

2) 무조건 쉬운 단어로 하기

블라인드 스피킹 시 두 번째 주의사항은 '무조건 쉬운 단어로'이다. 최종 목표인 Fluency 뜻이 '기본 영어'로 속도감 있게 말하는 능력이다. 아래 지문을 블라인드 스피킹 해보자:

[13 Signs You're Ready to Move In Together]

Have you gone away for a week or two with your partner and spent 100 percent of the time together and actually enjoyed it? If not, try it before you take the plunge. If you haven't traveled together, you don't necessarily know each other's habits.

[동거할 준비가 됐다는 13가지 사인]

애인과 1주나 2주간 떠나서 100% 함께 시간을 보낸 적이 있는가? 그리고 그 시간을 즐겼는가? 그렇지 않다면, 결단을 내리기 전에 시간을 같이 보내보자. 만약 함께 여행해보지 않았다면, 서로의 습관을 꼭 알고 있다고 할 수는 없다.

[유튜브 〈GLAMOUR〉 중]

위에서 중요한 단어를 꼽으라면 아마 많은 학습자가 'move in together = 동거하다', 'take the plunge = 결단을 내리다'를 고를 것이다. 그러나 필자 눈에는, 이 두 단어는 현 레벨에서 스피킹 하기에 지나치게 어렵기 때문에, 오히려 여기서 가장 불필요한 단어다. 그래서 다음과 같이 쉬운 단어로 풀어서 공부한다:

> move in together = 동거하다
> = 결혼 전에 애인과 함께 살다
>
> → live together before (/without) getting married, usually with a
>   partner
> → 13 Signs You're Ready to live together before (/without) getting
>   married, usually with a partner
> → 반복 연습 후 블라인드 스피킹

'Have you ever, spend, necessarily는 이미 알기 때문에 모르는 영어를 공부하는 게 맞지 않을까?'라는 생각을 할 수도 있다. 독해 차원에서는 그렇다. 그러나 문제는, 이런 구문들을 머리로 이해는 할지언정, 우리는 스피킹 차원에서 여전히 기본 영어도 자유롭게 구사하지 못한다는 사실이다. 자신의 독해 실력과 스피킹 실력을 혼동하지 말자. 사실, 바꿔 표현한 'live together~ a partner'도 해석하기는 쉽지만, 혼자서 한글을 보고 만들어내기는 절대 쉽지 않다.

물론, move in together를 더 알아서 나쁠 건 없다. 하지만 우리의 시간과 자원은 한정돼 있다. 필자라면 새로운 단어를 외울 시간에 차라리 이미 알고 있는 단어의 연상 및 조합 속도를 올리겠다. Fluency 측면에서 중요한 단어는 have you ever, go away, if not과 같은 기본 영어다.

쉬운 단어로 바꾸는 방법

이번에는 'take the plunge = 결단을 내리다'를 보자. 우리는 plunge가 무슨 뜻인지조차 모를 확률이 높다. 우리 수준에서 독해 할 때 모르면 스피킹 할 때도 알 필요가 없다. 그럼 '결단을 내리다'를 쉬운 단어로 어떻게 바꿀 수 있을까? 지금 바로 생각이 안 났다면 실전 스피킹에서 역시 막혔을 것이다. 쉬운 단어로 돌려 말하는 것도 중요한 스피킹 능력 중 하나다. 왜? 아무리 열심히 공부해도 평생 모든 단어를 다 알게 되는 날이 오는 일은 없을 것이다. 스피킹을 하다 보면, 언젠가는 모르는 단어를 돌려 설명해야 할 때가 오기 마련이다.

필자라면 'make a big decision'이라고 말했을 것이다. 물론 이 숙어가 '결단하다'라는 뜻을 정확히 전달하지는 못한다. 그러나 이미 살펴보았듯이 Accuracy보다는 Fluency가 먼저다. 우리가 take a plunge를 배워야 할 때는, make a decision을 1초의 망설임도 없이 모국어처럼 쓸 수 있을 때이다.

그런데 돌려 말할 수 없을 때는 어떡할까? Make a decision도 몰랐다 치자. 해결책은 영영 사전을 활용하는 것이다. 사전 자체가 단어를 쉬운 단어로 풀어 말해주는 설명서이기 때문이다. 영영 사전으로 take a plunge를 검색하면 다음과 같이 나온다:

> to make a decision to do something, especially after thinking
> about it for a long time
>
> [〈Cambridge Dictionary〉 중]

그다음 take a plunge는 잊어버리고 위 설명으로 대체해서 블라인드 스피킹한다. 설명에 나온 to 부정사, especially, after, 동명사, for a long time은 무조건 쓰이는 기본 영어로 take a plunge보다 훨씬 중요하다.

모르는 단어가 나오면 그냥 넘어가기 찜찜하다. 필자도 안다. 하지만 이는 긍정적인 학습욕이라기보다는, 100% 독해 중심 교육의 나쁜 잔재다. 우리는 Fluency를 위해 이를 과감히 무시할 수 있어야 한다.

같은 이유로 기본 단어로 바꿔야 할 다른 예시도 살펴보자:

> [고급 어휘]
> **I was just kind of** executing on **everyone else's ideas and never** seeing **my own** through.
> (남의 아이디어만 이행하고 내 것은 결코 실현하지 않았어.)
>
> ※ 각각 영영 사전 참조해서
> → **I was just kind of taking action on (/carrying out) everyone else's ideas and never working on and finishing (/completing) my own.**
>
> [유튜브, The Financial Diet, 〈Mistakes We Made At Our First 9–5 Job〉 중]

It's bomb!

(개쩐다!)

→ **It's great / amazing / awesome.**

Did you have a beef **with Elodie?**

(Elodie랑 싸웠어?)

→ **Did you fight with Elodie? / Did you have an argument with Eloide?**

I love to lightsaber fight **with my dad and watch Star Wars.**

(아빠랑 광선검 싸움하고 〈스타워즈〉 보는 걸 좋아해.)

→ **I love to fight with a laser sword with my dad and watch Star Wars.**

[영화 〈원더〉 중]

어휘뿐만 아니라 문법, 구조적으로 이해되지 않는 문장 또한 이해하기 쉽고 말할 수 있는 수준으로 바꿔 말한다:

But all of that adding to this growing chorus of people wondering about his health a Washington Post reporter today who has written a biography of Kim saying that in the North Korean capital people are speaking about why he hasn't been seen in public, that people are stocking up on goods in case there is something wrong.

영어 회화, 한국에서도 되던데요?

(이 사안에 관심을 갖는 사람들이 많아지고 있습니다. 오늘 김정은의 전기를 쓴 한 워싱턴 포스트 기자에 따르면 북한 수도에 있는 사람들이 김정은이 왜 공개 석상에 보이지 않는지에 대해 이야기하고 있고 유사시를 대비해 필수품들을 사들이고 있습니다.)

→ There is a growing number of people who are developing interest in this issue. According to a Washington Post reporter, who has written a biography of Kim, North Korean capital people are speaking about why he hasn't been seen in public, and people are buying goods in advance in case there is something wrong.

[유튜브, CNC NEWS, ⟨Intelligence officials from U.S., South Korea say Kim Jong-un is alive⟩ 중]

사실 위 자료는 애초에 스피킹 자료로 적합하지 않다. 스피킹하기 전에 독해를 하기도 어렵기 때문이다. 다만, 자료를 그대로 받아들이지 않고 스피킹 Fluency 목적에 바꿔 변형할 필요가 있다는 걸 보여주기 위해서 가져왔다. 어떤 자료든 모르는 부분은 나오기 마련이기 때문이다. 문장이 이해되지 않으면 블라인드 스피킹을 할 이유가 없다. 왜냐하면, 이해 없이 무작정 외우게 되면, 규칙에 맞게 배열해보는 조합 연습을 못 하기 때문이다. 문장을 스스로 만들어보기 위해서는 쉽고 이해 가능한 영어로 바꿔서 연습한다.

쉬운 단어로 바꿔 말하기:

쉬운 단어로 말한다는 의미는 다음과 같이 정리 할 수 있다.

= 자신이 알고 있는 영어로 풀어서 설명한다.

= 기본 단어로 돌려서 설명한다.

↪ 정확히 1:1 대응하려 하지 않아도 된다.

↪ 100% 정확하게 표현하지 않아도 된다.

↪ 슬랭, 원어민 표현, 고급 어휘는 피한다.

↪ 내 현실에서 쓰이지 않는 영어는 생략한다.

· 3 ·
블라인드 스피킹의 5가지 학습 효과

블라인드 스피킹을 통해 5가지 학습 효과를 누릴 수 있다.

1) Fluency 향상

> **Just in case you forget, did you reserve the venue and notify all of the participants 2 weeks ahead of time?**
>
> 혹시나 네가 까먹었을까 봐 그러는데, 2주 전에 행사장 예약하고 참석자 분들께 공지 드렸어?

위 지문을 보고 학습하면 적극적으로 영어를 생각하고 만드는 과정을 밟지 않는다. 따라서 영어 지문이 없어졌을 때 스스로 영어 문장을 생산해내지 못한다. 블라인드 스피킹을 해야만 '혹시나 ~해서? Just in case!', '행사장? venue!', '공지하다? notify!'와 같이 연상 고리를 강화할 수 있고 완벽한 문장으로 조합하는 속도를 향상할 수 있다. 블라인드 스피킹은 영어를 직접 회상하고 완성하는 과정이라는 점에서 정확히 Fluency를 높인다.

특히, 영어 문장이 직역이 아니라 의역될 때 한영 시험이 더 필요하다. 예컨대, 'I lost attraction to my boyfriend'는 '사랑이 식었어'를 뜻한다. 한영 시험을 거치지 않으면, 문장을 외워놓고도 나중에 가면 "사랑이 식다…? love cools off…?"식으로 버벅거린다. 그러니까 열심히 연습해놓고도 써먹지를 못하는 거다. 따라서 한영 시험을 통해 "아~ '사랑이 식다'를 'lose attraction'으로 표현하는구나!"라고 적극적으로 매칭하며 학습한다.

2) 명확한 학습 목표

반복이 필수란 건 누구나 안다. 문제는 정확히 얼마나 반복해야 할지를 모른다는 점이다. 얼마나 반복해야 할까? 5번? 10번? 20번? '이 정도 반복하면 되나?'라고 생각하며 불안한 마음으로 학습을 마친다. 목표 연습량이 불분명하니 학습 밀도도 떨어진다. 연습량은 횟수로 정할 수 없다. 개개인마다 학습 능력이 다르기 때문이다.

영어 회화, 한국에서도 되던데요?

공부를 마치는 시점은, 공부한 모든 문장을 블라인드 스피킹으로 유창하게 말할 수 있을 때이다. 한글만 보고 통역사처럼 한 치의 버벅임도 없이 처음부터 끝까지 스피킹 할 수 있어야 한다. 그렇지 않으면 금방 잊어버리고 다음에도 버벅이기 때문이다. 이렇게 하면 목표가 분명해진다. 그래서 같은 시간을 공부하더라도 더 의욕적으로 공부하게 되는 효과가 있다. 달리기를 할 때 목표 거리를 정해놓지 않고 무작정 달리면 금방 지친다. 얼마나 달려야 할지 막막하기 때문이다. 예를 들어 3km로 딱 정해놓아야 의욕도 생기고, 빨리 끝내고 쉴 생각에 더 빡세게 달릴 수 있다.

3) 성찰적 반복

반복도 다 같은 반복이 아니다. 질적으로 다른 두 가지 반복이 있다. 하나는 기계적 반복이다. 책 펴고 영어 지문을 보면서 읽는 학습이 그 예시다. 별다른 생각 없이 소리 내어 반복해서 읽는다. 다른 하나는 성찰적 반복이다. 책을 덮고 배웠던 영어를 다시 한번 회상하는 연습이다. 배운 내용을 스스로 끄집어내고, 연상, 조합, 문장 만들기를 통해 정보를 스스로 재구축 해내야 한다. 기계적 반복과 달리 적극적으로 생각하고 만들면서 반복하는 과정이 수반되기 때문에 '성찰적 반복'이라는 이름을 붙였다.

그리고 블라인드 스피킹이 바로 이 성찰적 반복을 강제한다.

지금 배우고 있는 영어를 10분 뒤에 한글만 보고 말해야 한다는 압박감 때문에 기계적으로 읽지 않고 성찰적으로 읽게 된다. 'Just in case that you forget'을 읽을 때 'Just 다음에 전치사 in이구나!', '혹시나 ~해서는 Just in case that으로 표현할 수 있구나!'라고 생각하며 적극적으로 머릿속에 집어넣게 된다.

기계적 반복과 성찰적 반복은 겉으로 보기에는 똑같다. 그러나 머릿속에 일어나는 작용은 질적으로 완전히 다르다. 성찰적 반복 시에는 창조, output, 연상 & 조합 기능이 '팡팡' 돌아간다. 같은 자료, 같은 시간, 같은 방식으로 공부해도 학습 결과가 다른 이유다. 영어 문장 재구성이 수반되기 때문에 조합 속도 향상으로 직결된다. 결과적으로 적극적 문장 생성 능력인 Fluency가 올라간다.

4) 정확한 피드백

국사 조선왕 연대기를 외운다고 상상해보자. 일단 책을 보고 열심히 외운다. 그리고 책을 덮고 공책에 연대기를 써본다. 그런데 분명 다 외웠다고 생각했음에도 불구하고 막히는 부분이 여기저기 속출한다. 그래서 다시 책을 펴고 복습한다. 특히 막혔던 부분은 더 집중해서 본다. 다시 책을 덮고 공책에 써보면? 여전히 막히는 부분이 있다. 그래서 또 책으로 돌아간다. 이처럼 '익히고 → 시험 치기' 과정을 반복해야 비로소 실제 시험에서 연대기를 완벽하게 써낼 수 있다.

영어 스피킹도 마찬가지다. 성찰적 태도로 영어 지문을 공부하더라도 막상 영어 지문을 가리거나 한글만 보고 말하면 분명 어딘가에서 막힌다. 사실, 이 막힘을 경험하는 게 블라인드 스피킹의 포인트다. 왜냐하면, 부족한 부분을 정확히 파악했기 때문에 그 부분만 선별적으로 반복할 수 있기 때문이다. 이런 측면에서 처음부터 한 번에 한→영 시험을 통과할 필요는 없다. 오히려, 어중간하게 공부하고 한→영 시험으로 넘어가는 게 낫다. 그래야 잘하는 부분과 못하는 부분을 구분해서 가중치를 실어 공부할 수 있기 때문이다. 그래서 한영 시험은 한 번이 아니라 여러 번 쳐야 한다.

5) 성취감

어떻게 지속적으로 학습할 수 있을까? 우리는 보통 강연, 모범 사례 등를 보고 자극을 받는다. 그러나 독자 여러분도 알다시피 그런 동기 부여는 일시적이고 약발이 짧다. 그보다는 매일매일의 학습 과정에서 작은 성취감을 정기적으로 느끼는 게 더 큰 동기 부여가 된다. 그런데 스피킹 공부는 반복이 수반되므로 지겹다.

하지만 한영 시험을 통과하면 작은 성취감을 얻을 수 있다. 마치 통역사처럼 한글만 보고 유창하게 말할 때 쾌감이 느껴진다.

국사 공부는 지겹지만 시험 칠 때 아는 것만 나와서 쭉쭉 풀어나가면 재밌지 않은가? 블라인드 스피킹 시, 스스로 문장을 만들어내면서 스피킹 하는 자신을 발견하기 때문에 매 학습마다 '이번 지문도 마스터했다!'라는 성취감을 느낄 수 있다.

시험 치듯이 공부하세요!

책을 단순히 4번, 5번 반복해서 읽을 때보다 1번 읽고, 책을 덮고 배운 내용을 떠올려 종이에 써볼 때 더 많은 내용을 기억해낼 수 있다. 이를 시험 효과(Testing Effect)라고 한다. 배운 걸 스스로 불러낸다는 점에서 회상 효과(Retrieval Effect)라고도 불린다. 영어 지문을 보고 읽는 건 익숙하고 편하다. 배운 내용을 실제로 스피킹 하기 위해서는 지문을 가리고 적극적으로 애써가며 생각하고 회상하는 시간이 더 많아야 한다. 한 문장 한 문장을 스크립트 없이 말해야 하는 실전 상황이라고 생각하면서 공부하자.

한계점

블라인드 스피킹에도 역시 한계점이 있다. 바로 문장 변형력을 기를 수 없다는 사실이다. 생활 속에서 공부한 문장을 그대로 말할 일은 거의 없을 것이다. 실전에서는 상황에 맞게 배운 문장을 여기저기 바꿔서 뱉어내야 한다. 이제 짧은 연습을 마친 후, 마지막 독학법 센텐스 메이킹을 할 차례다.

Dear John, I am so very proud of you. I'm proud of you because I remember who you were this time last year, and I'm proud of how far you've come in the past 12 months. Do you remember this time last year? How you couldn't go through a single night without waking up in some emotional crisis? Or how you didn't go to class for two weeks? And how paralyzed and confused you felt just because of your own mind?

It feels almost like another life. When I wrote to you last, in January, you were still going through this. And I asked for just one thing: I asked you to be your own best friend. To care about yourself unconditionally. And to respect yourself as you would respect your best friend.

And of everything that you learned at 19 both - in school with your nose in books, in life, this was the most important lesson of all and it's why I'm so proud of you.

John에게, 나는 네가 정말 너무 자랑스러워. 네가 자랑스러워 / 왜냐하면, 작년 이맘 때 너를 기억하기 때문에. 그리고 지난 12개월 동안 얼마나 멀리 네가 왔는지도 자랑스러워. 작년 이맘때 기억나? 감정적 혼란 속에서 깨지 않고 하루도 보낼 수 없었던. 2주일 동안 학교를 가지 않았던. 그리고 얼마나 무력하고 혼란스러움을 느꼈는지, 단순히 네 마음 때문에.

거의 다른 인생 같아. 1월, 마지막으로 너에게 편지를 썼을 때 / 너는 여전히 이걸 거치고 있었지. 그리고 나는 딱 하나만 부탁했어. 나는 네가 너의 절친이 되길 부탁했어. 무조건 너 자신을 챙기기. 네 절친을 존중하듯이 네 자신을 존중하기.

19살에 네가 배웠던 모든 것 중에 / 책만 보던 학교와 인생에서 / 이게 모든 교훈 중 가장 중요한 거야 / 그리고 네가 자랑스러운 이유지.

STEP 1. 한 문장씩 쉐도잉 [연습]
STEP 2. 처음부터 끝까지 매끄럽게 읽기 [시험]
예상 소요 시간: 50분

주의사항
1. 긴 문장은 /로 잘라서 구간 반복 연습
2. 어려운 단어나 이해가 안 가는 문장은 쉽게 바꿔서

IV.
독학법 ③

실전 응용력을 높여주는
센텐스 메이킹

센텐스 메이킹이란?

레벨	문제점	해결책
1	영어 지문을 보고 매끄럽게 못 읽음	쉐도우 스피킹
2	영어 지문을 보지 않고 유창하게 못 만들어냄	블라인드 스피킹
3	**배운 문장을 응용&변형해서 스피킹 하지 못함**	**센텐스 메이킹**

독학 마지막 단계인 레벨 3에 있는 학습자는 영어를 잘 읽음과 동시에 배운 문장을 빠르게 기억해내서 말할 수 있다. 하지만 배운 문장만 기계처럼 내뱉을 뿐, 이를 응용, 변형해서 새로운 문장을 만드는 작업에는 아직 서툴다. 충분히 반복한 "How much does it cost?"는 쉽게 말하지만 "How much longer will it take?"(얼마나 더 걸려?)로 유연하게 변형하지는 못하는 수준이다.

참고로 1단계에서 2단계까지는 빠르면 2주 안에도 넘어간다. 그러나 2단계부터 Fluency가 작용하므로 2단계에서 3단계까지는 시간이 오래 걸릴 수도 있다. 아직 기본 지문을 블라인드 스피킹 하지 못하면 레벨 3은 잊고 일단 레벨 1, 2 독학법에만 집중하자.

센텐스 메이킹이란?

센텐스 메이킹은 공부한 자료에서 핵심 영어를 하나 뽑아서, 5개의 문장을 만들어보는 학습이다. 아래 유튜브 자료를 쉐도우 스피킹 후 블라인드 스피킹까지 마쳤다고 치자.

If your friends love hitting the gym on a daily basis and they watch what they eat, there's a high chance you're healthier than the average Joe. Of course, there are exceptions to this, but the general consensus is that there is some truth to this idea.

만약 여러분의 친구들이 매일 헬스장 가길 좋아하고 그들이 먹는 걸 주의한다면, 당신은 평균의 미국인보다 건강할 가능성이 높다. 물론, 여기 예외도 있지만, 하지만 **일반적으로** 이 개념이 어느 정도 맞다고 **동의한다.**

[유튜브, Improvement Pill, 〈Benefits of Reading〉 중]

최소 10번은 반복했을 것이다. 그래서 위 예문을 막히지 않고 유창하게 말할 수 있다. 그럼에도 여전히 the general consensus 구문을 자유자재로 실전에서 써먹지 못한다. 2가지 이유가 있다:

첫째, 우리가 위 예시를 생활속에서 그대로 말할 일은 없다. 현실 스피킹에서는 자기 상황에 따라 배운 문장을 변형해야 한다.

둘째, 각각의 단어 & 문법 관점에는 한 번만 연습했을 뿐이다. $f(x)$ (the general consensus), $g(x)$ (비교급), $h(x)$ (on a daily basis) 함수를 모두 같은 값으로 $f(1)$, $g(1)$, $h(1)$ 한 번씩만 풀어본 셈이다. 하지만 한 번의 계산만으로는 계산 속도를 올릴 수 없다. $f(1)$를 잘 풀었다고 해서 $f(1,203)$, $f(-5)$, $f(0)$을 잘 풀 수 있는 건 아니다. 실력 향상을 위해서는 다양한 문제를 많이 풀어봐야 한다. 영어도 똑같다. 하나의 예시로는 부족하다. 여러 문장을 만들어봐야 배운 내용을 자유자재로 변형해서 사용할 수 있다.

따라서 the general consensus를 가지고 다른 예시, 다른 함숫값 $f(5)$, $f(15)$ 등을 여러 개 연습해봐야 한다.

---

1. What is the general consensus after people saw you making your debut?
2. There is a general consensus among teachers about the need for greater security in schools.
3. I think there is general consensus to change the welfare system.
4. Is it a general consensus that we just have to proceed without changing the plan?
5. There is still no general consensus on what our future policy should be.

반드시 'the general consensus'일 필요는 없다. 개인마다 약한 부분이 다르다. 자신이 스피킹 하지 못하는 단어, 문법을 고른다. 만약 비교급을 잘 못 쓴다면 다음과 같이 비교급 5문장을 만들 수 있다.

1. **Playing tennis is much more difficult than I thought.**
2. **Which of these is cheaper than the other?**
3. **Our biggest competitor has been growing almost 3 times faster than us.**
4. **No more than 15% of the cars are produced domestically.**
5. **The higher the price is, the more reliable the product is.**

1. 생각보다 테니스 치는 거 어렵네.
2. 어떤 게 더 저렴해?
3. 우리 최대 경쟁사는 거의 3배나 빠르게 성장하고 있다.
4. 차의 15%만이 국내에서 생산되고 있다.
5. 가격이 높을수록 상품은 더 신뢰가 간다.

이처럼 여러 문장을 학습해야 비교급을 확장해서 사용할 수 있다. 이렇게 만들기만 하고 끝내는가? 아니다. 모든 자료, 영어 지문의 끝은 블라인드 스피킹이다. 영어를 안 보고 스스로 다시 만들어낼 수 있을 때까지 반복 훈련한다.

따라서, 센텐스 메이킹의 방법은 아래와 같은 단계로 정리할 수 있다:

1) 핵심 영어 하나를 뽑은 후,
2) 5문장을 만든 뒤,
3) 블라인드 스피킹으로 훈련한다.

이렇게 쉐도잉부터 블라인드 스피킹, 센텐스 메이킹까지 거쳐야 지문 하나를 온전히 공부했다고 말할 수 있다.

센텐스 메이킹을 하는 3가지 방법

그렇다면 센텐스 메이킹 시 어떻게 문장을 만들어야 할까? 총 3가지 방법이 있다. 쉬운 방법부터 살펴보자.

In order to **improve speaking skills,** what you're really trying to do **is to** immerse **yourself in the language, not necessarily taking the English classes.**

회화 실력을 향상하기 위해서는 / 네가 정말로 노력해야 하는 건 언어에 몰입하는 것이다, 반드시 영어 수업을 들을 필요는 없이.

[유튜브, The English Coach, 〈How To Speak English Like A Native Speaker〉 중]

1) 사전 예문 끌어오기

Immerse를 가지고 센텐스 메이킹을 해보자. 가장 쉬운 방법은 사전 예문을 끌어오는 일이다. 특히 immerse와 같이 낯선 어휘는 사전을 반드시 참조한다. 그럼 이제 문제는 '어떤 사이트, 어떤 사전을 활용하는가'이다. 3가지 사이트를 추천한다. 첫째는 네이버 영어 사전이다. 뜻은 간단히 살펴보고 예문을 많이 살펴본다. 예문에 한국어 해석이 달려 있기 때문에 이해하기 쉽다.

> **It was really hard for me to immerse myself in emotional scenes.**
> 제가 감정적인 장면에 몰입하는 것은 정말 어려웠어요.
>
> **If you immerse yourself into something you enjoy doing, you might even find an innate talent you thought you never possessed!**
> 만일 여러분이 하기를 즐겨하는 일에 몰두하고 있다면, 여러분은 여러분이 결코 소유하지 않았다고 생각했던 선천적인 재능을 발견하게 될지도 모른다!

다음으로 구글 검색이다. 이때 '몰입하다'로 검색하는 게 아니라 'immerse meaning', 'immerse definition', 'immerse examples'로 검색한다.

> [Cambridge Dictionary]
> **She got some books out of the library and immersed herself in Jewish history and culture.**
> 그녀는 도서관에서 책을 빌렸고 유대 역사와 문화에 푹 빠졌다.

Immerse yourself in a life that moves you, because what you surround yourself with is what becomes your life.

너를 움직이는 인생에 몰두하라. 왜냐하면, 너를 둘러싸고 있는 것이 네 인생이 될 것이기 때문이다.

마지막으로 Sentencedict.com 검색이다. 예문만 검색할 수 있는 사이트다. 예를 들어, immerse를 검색하면 immerse가 들어간 예문을 모아서 보여준다.

People can immerse themselves in the spiritual dimension without being religious at all.

사람들은 종교 없이도 영적 차원에 빠져들 수 있다.

Reeve decided to immerse himself in the day-to-day affairs of his company until business improved.

리브는 사업이 나아질 때까지 매일매일의 회사 업무에 몰입하기로 결정했다.

2) 사전 예문 변형하기

좀 더 나아간 방법으로, 사전 예문을 자신의 상황에 맞게 조금 변형할 수도 있다.

자신과 관련 있는 내용일수록 더 오래 기억에 남기 때문에, 아래와 같이 내용을 살짝살짝 바꿔준다. 시간이 좀 걸리더라도 실제로 언젠가 말할 것 같은, 일상과 관련 있는 문장으로 바꿔보자. 물론, 쓰다가 모르는 게 있으면 사전 검색을 한다. 필자도 위 문장을 만들 때 부업, 손익분기점 등 단어를 사전에서 찾아봤다. 또한, 실제로 가장 많이 쓰이는 주어는 he도 아니고 they도 아니고 바로 I다. 따라서 가급적이면 주어는 모두 나로 바꿔서 연습한다.

It was really hard for me to immerse myself in emotional scenes.

→ **If I act, it would be easy for me to immerse myself in action scenes.**
만약 연기를 한다면, 액션신에 몰입하는 건 쉬울 거 같아.

She got some books out of the library and immersed herself in Jewish history and culture.

→ **I borrowed a couple of books out of the library near by my place and immersed myself in learning how to create a side hustle without taking a risk.**
나는 집 근처 도서관에서 책을 몇 권 빌리고 위험 감수 없이 부업 하는 방법에 대해 몰입했다.

Reeve decided to immerse himself in the day-to-day affairs of his company until business improved.

→ **Do I have to decide to immerse myself only in my work until I reach the break-even point?**
손익분기점에 도달할 때까지 일에만 집중해야 하나?

---

3) 스스로 만들기

'In order to', 'What + 주어 + 동사'와 같이 이미 친숙한 영어는 처음부터 스스로 문장을 만들어도 된다. 아니면 아래와 같이 3가지 방법을 모두 섞어서 5문장을 만들 수도 있다:

[What + 주어 + 동사]
검색 엔진에 'What + 주어 + 동사'로 검색한다.

〈사전에서 2개〉

1. **Don't put off** what you can do today till tomorrow.
   지금 할 수 있는 일을 내일로 미루지 마라.

2. **If you cannot have the best, make the best of** what you have.
   최고를 가질 수 없다면, 네가 가진 것을 최대한 활용해라.

〈스스로 3개〉

3. **What you have to do right now is get your report done before you go home.**
   네가 지금 해야 하는 건 집에 가기 전에 이 리포트를 끝내는 거다.

4. **What I'd like to do is just sitting down and relaxing.**
   내가 하고 싶은 건 그냥 앉아서 쉬는 거다.

5. **If you think what you have is not enough to create a side hustle, make the best use of** what you have.
   부업을 위해 가진 게 충분치 않다고 생각하면, 가진 걸 최대한 활용해라.

어휘, 문법에 자신이 없는 사람은 가장 쉬운 방법인 사전 예문 끌어오기로 시작하자. 본인이 100% 만들어내면 어색하거나 틀릴 가능성이 높지만, 사전 예문은 언제나 맞기 때문이다. 예문을 많이 끌어 쓰다 보면 문장 구조, 함께 쓰이는 어휘에 대한 이해력도 덩달아 높아진다. 여기에 익숙해지면 예문을 조금씩 바꿔보는 두 번째 단계, 아예 새로 만들어보는 세 번째 단계로 넘어간다.

최종적으로는 아래와 같이 활용해보길 권한다:

1. 사전 예문(1)
2. 사전 예문(2)
3. 사전 예문(1) 변형
4. 사전 예문(2) 변형
5. 새로 만든 문장

센텐스 메이킹의 3가지 학습 효과

필자는 영화 〈원더〉를 5번이나 봤다. 물론 그냥 보기만 한 게 아니라 한 문장 한 문장 쉐도잉하고 블라인드 스피킹 했다. 나중에는 대사가 나오기도 전에 인물이 어떤 말을 할지 전체 문장을 예상할 수 있을 정도였다. 그러나 이상하게 실전에서 영어 실력은 그대로였다. 특별히 속도가 올라가지도 않았고, 영화에 나온 구문을 활용하지도 못했다.

그 후에도 쉬지 않고 다른 영화, 미드로 옮겨갔지만 상황은 마찬가지였다. 많은 학습자들이 공감할 것이다. 돌이켜보면, 영화에 나온 대본을 실제 상황에 맞게 적극적으로 바꿔보지 않았기 때문이다. 이와 관련하여 센텐스 메이킹의 효과 3가지를 살펴보자.

1) 변형력 & 응용력 개선

> **"He's the only person I've ever come across in my life who understands what it's like to be dying but hasn't actually died."**
>
> "그는 여태 만나본 사람 중 죽는 게 어떤 건지 알고 있지만 죽지 않은 유일한 사람이야."
>
> [영화 〈안녕 헤이즐〉 중]

위 문장을 블라인드 스피킹 하는 것만으로 충분할까? 한 가지 명심해야 할 사실이 있는데, 그건 우리가 자료에 나온 문장을 그대로 말할 일은 거의 없다는 사실이다. 위 문장을 처음부터 끝까지 똑같이 말할 상황은 살면서 결코 오지 않는다. 따라서 공부할 때 자신이 처한 상황, 대화 주제, 얘기를 듣는 대상에 알맞게 배운 문장을 조금씩 바꿔서 말해야 한다.

문제는 블라인드 스피킹만 하면 위와 같은 기존 문장을 바탕으로 새로운 문장을 만들어내기 힘들다는 사실이다. 왜냐하면, 블라인드 스피킹으로는 하나의 정해진 문장만 학습하기 때문이다. 기존 문장의 주어, 시제, 어휘, 문장 구조를 바꿔서 재구성 해보는 연습은 전혀 하지 않았다. 물론, 블라인드 스피킹을 통해 배운 문장은 새로운 문장을 만드는 기본 토대가 된다는 점에서 의의가 있다. 하지만 기본 토대를 쌓는 일과 이를 바탕으로 다양한 문장을 재생산하는 일은 다르다. 문장 생산에는 변형력과 응용력이 추가적으로 필요하다.

A. 혼자 일하는 프리랜서

You're <u>the only person</u> I've ever come across in my life who understands what it's like to work alone 24/7 but hasn't actually worked alone.

B. 애인과 신나게 테니스를 배우고 있는 남자

Playing tennis is <u>the only sport</u> <u>I've tried</u> <u>in my life</u> <u>which</u> I learn with my girlfriend <u>but</u> none of us has given up in the middle.

C. 첫사랑에 대해 말하는 상황

<u>Have you ever come across</u> someone <u>in your life</u> <u>who</u> you don't like at first <u>but</u> fall in love as you get to know more of them?

D. 여행 가서 아는 사람을 만난 이야기

Imagine <u>what it's like to</u> go on a far trip and <u>come across</u> someone you know there.

이렇게 센텐스 메이킹의 과정을 통해 문장 변형 능력을 기를 수 있다. The only person, come across, who, what it's like를 활용해서 다른 문장을 여럿 만들어본다. 다양한 문장을 접하는 만

큼 더 폭넓고, 더 중요하게는, 더 속도감 있게 문장을 변형할 수 있는 능력이 생긴다. 블라인드 스피킹도 문장을 안 보고 말한다는 점에서 분명 연상과 조합 능력에 도움이 된다. 하지만 센텐스 메이킹은 직접 다양한 문장을 만들어본다는 점에서 보다 적극인 연상, 조합 능력을 요한다.

사실, 제대로 공부한다면 영화 한 편은 고사하고 짧은 어휘집 한 권 끝내기도 어렵다. 왜냐하면 단순히 자료에 담긴 어휘, 예문만 외우는 공부는 충분치 않다. 우리의 목표는 배운 영어를 변형해서 실제 스피킹으로 써먹는 일이지 않은가? 10문장이 있다면 실제로 공부해야 할 학습량은 10x5 = 50문장이다.

2) 완벽한 이해

영어 공부 시 가장 하기 쉬운 실수 중 하나가 하나의 예문만으로 모든 걸 이해하려는 시도다. 예컨대, 위 상황에서, 예시 하나만으로 'come across'를 이해하려 한다. 그러나 예시가 하나뿐이므로 이 숙어가 정확한 뜻이 무엇인지, 어떤 문맥에서 쓰이는지, 어떤 단어와 함께 다니는지 알 길이 없다. 결과적으로 배운 영어를 스피킹으로 제대로 활용하지 못한다.

그러나 센텐스 메이킹을 하면 많은 예문과 부딪히게 된다. 그리고 예문을 많이 접할수록 문맥적 데이터가 쌓이기 때문에 보다 정확하게 단어의 뜻을 파악할 수 있다. 이해가 안 되면 될 때까지 예문을 참조해서 센텐스 메이킹을 한다.

예컨대, 지문에 stock이 나왔다고 치자. 센텐스 메이킹을 위해 예문 검색을 하면 stock이 포함된 여러 문장을 학습할 수 있다:

- I'm afraid we're temporarily <u>out of stock</u>.
- Do you have this model in stock? That model is not currently <u>in stock</u>.
- A supermarket will <u>turn over its stock very rapidly</u>. (재고 회전이 빠르다)
- They cut prices drastically to <u>try and shift stock</u>. (재고 처분)

여기서 stock이 'out of, in, turn over, try and shift'와 같은 단어와 함께 쓰임을 확인할 수 있다. 이에 따라, stock 활용법을 보다 정확히 이해하고, 앞으로 해당 단어를 적재적소에 넣어서 스피킹 할 수 있다. 기존 예문 하나만으로 stock을 배웠을 때보다 더 자세하게 학습하게 된다.

한편, 영영 사전 검색 시 단어의 뜻을 더 정확히 이해할 수 있다. 예컨대, 'dwell on'을 네이버에 검색하면 '곱씹다, 곰곰이 생각하다'라고 나온다. 하지만 구글에 'dwell on definition'으로 영영 검색을 하면 다음과 같이 더 정교한 뜻을 얻을 수 있다:

---

to spend a lot of time thinking or talking about something unpleasant

〈Macmillan dictionary〉

to keep thinking or talking about something, especially something bad or unpleasant

〈Cambridge Dictionary〉

영영 뜻을 보면 알겠지만 dwell on은 곰곰이 생각하긴 생각하는 건데, 그 대상이 부정적이라는 사실을 추가적으로 알 수 있다. 한글 뜻으로는 파악하기 어려운 디테일이다. 낯선 단어는 예문 5개와 더불어 영영 사전으로 찾은 뜻도 기재해놓자.

3) 장기 기억

그런데 서점에 가면 핵심 어휘별로 여러 예문을 정리해놓은 책이 있다. 그럼 굳이 힘들게 센텐스 메이킹을 할 이유가 없지 않을까? 필자는 2가지 이유에서 정리된 책을 보는 대신 스스로 센텐스 메이킹을 하길 권장한다.

첫째, 센텐스 메이킹을 통해 본인 레벨에 딱 맞게 학습할 수 있다. 정리된 책에는 자신이 이미 잘 알거나 또는 지나치게 어려운 영어도 섞여 있다. 그러나 센텐스 메이킹 시에는 공부할 핵심 어휘와 예문을 자기 자신이 뽑는다. 그래서 자신에게 딱 맞는 어휘와 예문으로만 학습할 수 있다. 세상에는 둘도 없는 자신에게 최적화된 학습 자료를 만드는 과정인 셈이다.

둘째, 더 오래 기억할 수 있다. 16개 언어를 구사하는 통역사 롬브 커토는 『언어 공부, How I Learn Languages』에서 다음과 같이 말했다: "스스로 머리를 써서 알게 된 것이 남이 만든 지식을 받아먹는 것보다 한층 더 확실하게 내 것이 된다." 그렇다, 정리된 책으로 공부하면 편하겠지만, 다른 한 편으로는 바로 그 이유 때문에 쉽게 잊어버린다. 그러나 센텐스 메이킹 시에는 여러 예문을 읽어보고, 그중에 자신 마음에 드는 예문을 고르고, 이를 스스로 정리하는 노력이 수반된다. 경험적으로도 주어진 자료를 읽었을 때보다 스스로 찾아보고 써볼 때보다 오래, 더 강렬히 기억에 남는다.

· 4 ·

실전 연습

> Bloggers, authors, journalists. They are all writers in different ways and if you decide to take this path, you can work from home for sure. There's no need to explain why novel authors can totally work from home. It's kind of self-explanatory right?
>
> 블로거, 작가, 기자. 모두 다양한 방식으로 글을 쓴다. 만약 이 길을 가기로 했다면, 당연히 재택근무를 할 수 있다. 소설 작가가 집에서 일할 수 있는 이유는 설명할 필요도 없다. 너무 자명하다.
>
> [유튜브, Alux.com, 〈10 Highest Paid Jobs You Can Do From Home〉 중]

STEP 1. **기본 영어로 자주 쓰나 실제로는 활용하지 못하는 영어 2개 고르기**

STEP 2. **사전 예문을 활용해 각각 5문장씩 센텐스 메이킹 해보기**

STEP 3. **모든 예문 블라인드 스피킹**

예상 소요 시간: 30분

1) 영어 _____ (한글 뜻 _____)

영영 사전 뜻 _____

_____

예문 1 네이버 검색

_____

_____

예문 2 구글 검색

_____

_____

예문 3 Sentence.com 검색

_____

_____

예문 4 1~3중 하나 변형해보기

_____

_____

_____

예문 5 스스로 만들어 보기

_____

_____

_____

2) 영어 _____ (한글 뜻 _____)

영영 사전 뜻 _____

_____

예문 1 네이버 검색

_____

_____

예문 2 구글 검색

_____

_____

예문 3 Sentence.com 검색

_____

_____

예문 4 1~3중 하나 변형해보기

_____

_____

_____

예문 5 스스로 만들어 보기

_____

_____

_____

_____

Example

Take a path (길을 택하다, 길을 걷다)
start going along with it

1. **If the person follows you in a car, turn around and go in the opposite direction, or take a path where a car cannot go.**
어떤 사람이 차를 타고 너를 쫓아온다면, 돌아서서 반대 방향으로 가거나 차가 진입할 수 없는 곳으로 가야 해.

2. **Don't be afraid to take an unfamiliar path. Sometimes they're the ones that take you to the best places.**
낯선 길을 걷길 두려워하지 마라. 때로는 낯선 길이야말로 최고에 이르는 길이다.

3. **Take the path through the second gate on the right to the footbridge.**
두 번째 게이트를 통해 육교 옆에 있는 길로 가세요.

4. **Cross the street over there and take the path on the left to the gas station.**
저기서 길을 건너서 주유소 왼쪽에 있는 길로 가세요.

5. **Once you take a path, never stop walking at least for 1 month. You can never know whether the path is suitable for you or not before walking for 1 month.**
한 길을 가기로 했으면, 최소 1달 동안은 걸어라. 그 이전에는 그 길이 너에게 맞는지 알 수 없다.

FAQ

Part 3 실전 파트로 가기 전, 필자가 가장 많이 들었던 질문 5개에 대한 답을 정리해봤다. 본격적으로 공부를 시작하기 전, 궁금한 점은 여기서 다 풀고 가자!

V.
가장 많이 하는 질문

얼마나 공부해야 유창해질까요?

얼마나 공부해야 할까요?

결론부터 말하자면, 길이 측면에서 연속해서 3개월, 밀도 측면에서 매일 2시간은 공부해야 가시적인 성과를 볼 수 있다. 하루 6시간을 공부한들, 1달 열심히 하다 쉬고, 또 하다 쉬고 하면 제자리걸음이다. 마찬가지로, 10년 동안 매일매일 공부한들 하루 10분만 한다면 그 어떠한 결과도 기대하기 어렵다. 지금부터 왜 하필 3개월, 2시간인지 경험적, 논리적 근거를 제시하도록 하겠다.

얼마나 걸리셨어요?

필자가 영어 회화를 공부한 기간은 3년 남짓이다. 그런데 재밌는 건 현재 실력의 대부분은 3개월 안에 다 이뤘다는 사실이다. 달리 말하면, 나머지 2년 9개월은 결과적으로 공부를 안 한 거나 다름없다. 왜냐하면, 중간에 하다 말다 하다 말다를 반복했기 때문이다. 시험 기간이라고 쉬어버리고, 어디 놀러 간다고 쉬고, 흐지부지되기를 반복했다. 게다가, 꾸준히 할 때도 절대적인 학습량이 자기 전 하루 30분 정도로 너무 적었다.

그런데 성과를 본 3개월은 이전과 확연히 다르게 했다. 하루 2~3시간 이상은 쓰고 말했다. (읽고 듣는 시간은 제외다.) 그리고 그 기간도 중간에 쉬지 않고 매일매일 3개월을 유지했다. 영어 수업 18학점 수강, 영어 토론 동아리 가입, 영어 스터디 참석을 했다. 그래서 시험 공부가 얼마나 밀려 있었든, 해야 하는 과제가 얼마나 많든, 전날 술을 얼마나 많이 마셨든 강제적으로 하루도 빠지지 않고 영어 스피킹을 해야만 했다. 그 결과, 이 3개월 동안에는 발표를 한 번 할 때마다, 리포트를 하나 쓸 때마다 영어 실력이 느는 게 몸으로 느껴졌다.

필자만 그런 게 아니다. 같은 국내파로 영어 스피킹에서 큰 성과를 본 사람들은 공통적으로 3개월, 2시간을 제시한다. 『나의

123 영어 공부』 저자 이성주 씨는 '하루, 2시간, 3개월'이라는 의미로 책 제목을 123으로 지었다. 온라인 영어 학습 깊(GIPP) 〈2시간 만에 끝내는 영어 회화 공부법!〉 강연자 손성은 씨는 하루에 2시간씩 6개월을 제시한다. 『한국인이 성공하는 스피킹은 따로 있다』 저자 에스텔 씨도 2시간씩 3개월은 해야 효과를 볼 수 있다고 한다. 이들 모두 많은 시행착오를 거치고 목표를 성취해 낸 사람들이기에 '3개월 2시간'은 신빙성이 있는 기준이다.

3개월, 2시간이어야 하는 3가지 이유

필자 포함 위 저자, 강연자들이 외국어를 특히 잘하는 예외적인 경우라고 생각할 수 있다. 따라서 변명 거리가 없도록, 공부 시간이 3개월, 2시간 밑으로 떨어지면 왜 별다른 효과를 볼 수 없는지 3가지 논리적 근거를 제시하겠다.

1. 임계값 돌파 효과

임계값은 변화가 일어나기 시작하는 지점이다. 물을 백날 99℃에서 데워봐야 끓지 않는다. 영어 회화에서 임계값은 3개월, 2시간이다. 영상을 가지고 스피킹 공부한다 치자. 학습 초반에는 보통 아래와 같이 시간을 소비한다:

[10분] 듣기 및 이해

[50분] 쉐도우 스피킹: 영어를 입에 익히기

[60분] 블라인드 스피킹 & 센텐스 메이킹:

영어를 머리에 익히기 = Fluency 훈련

엄밀히 말하면, 첫 60분 쉐도우 스피킹까지는 스피킹 공부가 아니다. 몸풀기다. 진짜 Fluency는 나머지 1시간부터 가동되기 시작한다. 만약 리딩 실력이 떨어지거나 발음&인토네이션이 좋지 않다면 워밍업 시간은 더 늘어난다. 2시간을 공부해도 실질적으로 1시간도 채 안 되는 시간만 진짜 스피킹에 투자한 것이다.

그런데 하루 10분? 독해도 못 하고 끝날 판이다. 말도 안 되는 이야기다. 우리의 게으른 심리를 이용한 마케팅적 상술일 뿐이다. 하루에 테니스를 10분씩 친다고 생각해보자. 몸풀기도 전에 10분은 끝난다. 실력이 늘 리가 없다.

2. 가속화 효과

학습 속도는 시간이 지날수록 기하급수적으로 향상한다. 단리가 아니라 복리의 개념으로 상승한다. 영어 실력은 어느 순간에 확 는다는 말이 있지 않은가? 경험적으로도, 논리적으로도 사실이다. 10분짜리 영어 발표를 총 3번 하는 상황을 가정해보자.

첫 번째 영어 발표 [8시간]

발표 스크립트를 영어로 바로 쓰지 못한다. 그래서 한글로 먼저 쓰고 영어로 옮긴다. 이때 모르는 단어가 많아서 사전 찾는 데 많은 시간을 할애한다. 게다가 어느 사전, 어느 사이트를 봐야 하는지도 잘 모르겠다. 그리고 작성한 대본을 어떻게 검토해야 할지도 모른다. 영어가 익숙지 않기 때문에 영어 스크립트를 처음부터 끝까지 달달 외워야 한다. 그러니 10분짜리 발표인데 준비 시간이 8시간이나 걸릴 수밖에 없다.

두 번째 영어 발표 [4시간]

두 번째에는 50% 이상은 바로 영어로 쓸 수 있다. 그도 그럴게 지난 발표 스크립트를 달달 외웠으 핵심 표현이 이미 머릿속에 있기 때문이다. 또한, 검색 사이트, 첨삭 받아야 할 곳을 이미 알아놨기 때문에 훨씬 빠르게 최종 스크립트를 완성할 수 있다. 대본 스피킹 연습 시에도, 지난번에 연습했던 부분은 빼고 새로운 부분만 연습하면 된다.

세 번째 영어 발표 [1시간]

1시간이면 준비를 마칠 수 있다. 두 차례에 걸쳐서, Input 증가, 라이팅 능력 향상, 사전 검색 능력 향상, 첨삭 루트 확보, 자료 축적, 친숙해진 문장 증가를 이뤘기 때문이다. 기존처럼 8시간을 투자한다면 10분이 아니라 1 ~ 2시간짜리 발표도 할 수 있다.

이런 논리에 따라서, 학습 1일 차의 2시간, 10일 차의 2시간, 1달 차의 2시간은 질적으로 완전히 다르다. 2달 차부터는 공부를 하면서 스스로 실력이 늘고 있음을 그날 그날 체감할 수 있다. 그런데 만약 1달 차에 공부를 멈춰버린다면? 그리고 1달 후 다시 시작한다면? 1달간 익혔던 영어가 쉬는 1달 동안 모두 증발해 결국 다시 원점에서 시작하는 거와 다름없게 된다. 필자도 그랬지만, 대다수 학습자가 이 낭비적인 악순환에서 벗어나지 못한다.

3. 목표 집중 효과
목표가 적을수록 목표 도달 속도가 올라간다. 시간 투자가 여러 목표로 분산되지 않기 때문이다. 하나의 목표에 모든 에너지가 투입된다. 이를 극단으로 몰고 가서 3달 동안은 그 어떤 목표도 잡지 말고 스피킹 하나만 파자. 사실, 하루 2시간을 채우려면 현실적으로 여가에는 영어 하나만 할 수밖에 없다. 영어 공부를 시간 남을 때 하는 자기 계발 정도로 생각하지 말자. 혼자서 진행하는 대학 수업 하나, 회사 업무의 연장이라고 생각하자. 깔끔하게 3개월 동안은 나만의 야근을 한다고 마음먹자.

나아가, 목표를 영어 하나만으로 정해놓으면 스케줄 관리가 쉽다. 아니, 할 필요도 없다. 왜냐하면, 이미 3개월 동안은, 예를 들어, '오후 8~10시=영어 공부'로 스케줄이 확정돼 있기 때문이다. 학교+영어 공부, 회사+영어 공부, 집안일+영어 공부로 고정시키자. 그럼 각종 유혹으로부터 자유로워질 수 있다.

짧고 굵게 끝내자

가장 위험한 사고가 바로 '꾸준히' 영어 공부를 하겠다는 생각이다. '꾸준한' 영어 학습에는 한 가지 함정이 도사리고 있다. 꾸준함에는 '급한 게 아니다', '시간이 많다'라는 인식이 깔려 있다. 목표 학습 시간도 애매하다. 마감 기한이 없다. 그래서 게을러진다. 연속적으로 하지도 않고 밀도 있게 하지도 않는다. 당장 내일 일이 아니기 때문이다. 제한된 시간이 없으니 영원히 공부할 수 있다고 생각한다. 그리고 정말 영원히 공부하게 될 것이다.

따라서, 최소가 아니라 최대 개념으로 기간을 잡는 게 합리적이다. 명확한 데드라인을 잡아놓아야 한다. 끝이 있는 공부를 하자. 3개월 2시간은 최소가 아니라 최대 기간이다. 그러니까 '나는 3개월 만에 딱 영어 끝내고 다시는 하지 않을 거야'라는 마음가짐으로 접근해야 한다. 다시 한번 말하지만, 꾸준히 하면 오히려 영원히 성과를 못 본다.

그리고 사실 우리에겐 시간이 많은 것도 아니다. 언제 당장 영어로 면접을 볼지 모르고, 영어가 필요한 부서에 떨어질 수도 있다. 나아가, 이 글을 읽고 있는 지금도 영어를 못해서 놓치는 기회가 우리를 지나가고 있다.

할 거면 제대로 하자

3개월 2시간이 너무 많다고 생각하는가? 바쁜 일상을 고려하면 결코 만만한 목표가 아니다. 그러나 우리의 두뇌는 우리가 얼마나 바쁘고 힘든지는 상관하지 않는다. 오로지 객관적인 학습 시간에만 반응한다. 현재 만약 3개월, 2시간을 채울 자신이 없으면 애초에 시작하지 마시길 바란다. 어차피 안 는다. 학습법이 아무리 효율적이고 내 머리가 좋더라도 절대적인 공부 시간이 부족하기 때문에 공부를 하나 마나다.

일단 하기로 결심했으면 잠을 줄여서라도 3개월, 2시간은 지키시길 바란다. 어정쩡하게 해서 평생 스트레스받으면서 외국어 하나 말하지 못하는 게 싫으면 말이다. 사실, 외국어 하나 말하는데 3개월 2시간이면 괜찮은 투자다. 스피킹을 유창하게 했을 때 (그것도 한국에서만 공부해서) 얻을 수 있는 이점들을 생각해보라. 괜찮은 딜이다!

어학원 다녀야 할까요?

영어 회화 학습은 크게 독학과 실전 영어 2가지로 나뉜다. 여태 다룬 3가지 해결책은 모두 독학법이다. 실전 영어는 상대방과 영어로 말해보는 기회로 전화 영어, 스터디, 어학원, 외국인 친구, 과외 등이 있다. 둘 중 무엇이 더 중요할까? 정답은 레벨에 따라 다르다.

레벨 3 센텐스 메이킹까지 익숙해지기 전에는 독학에만 올인한다. 3가지 해결책 중 하나라도 익숙하지 않다면 어차피 실전은 준비할 수가 없다. 기본적으로 스피킹 공부는 혼자 하는 것이다. 소리 영어는 혼자서 쉐도잉으로 가장 빨리 향상할 수 있다. 문장을 만들어보고 회상하는 연습 역시 블라인드 스피킹, 센텐스 메이킹으로 혼자 하는 게 효율적이다. 군이 비싼 돈 주고 어학원 가서 반복할 필요는 없다.

나아가, 배운 문장을 기억하지 못하면 어차피 실전 대화에 참여하기 어렵다. 그러니까 혼자 스피킹을 못 하면 실전 가서도 똑같이 못 한다. 실전 영어는 이미 영어를 상당 수준으로 하는 사람에게만 도움이 된다. 충분한 단어와 문법을 알고 있고, 괜찮은 발음과 인토네이션으로, 꽤 유창하게 말해야 상대방과 대화를 주고받을 수 있다.

3가지 독학법을 안정적으로 실천할 수 있을 때부터는 반드시 실전 영어를 병행해야 한다. 왜냐하면, 이 이상부터는 독학만으로는 Fluency를 늘리는 데 한계가 있기 때문이다. 미드만 공부해서 영어가 유창해졌다고 말하는 사람들이 있다. 그러나 그들의 학습 경험을 더 살펴보면 해외 경험이나 꾸준한 영어 스터디 참여 등 실전 영어를 병행한 경우가 많다. 지금부터 왜 실전 영어를 병행해야 하는지 3가지 이유를 살펴보자.

1) 선별적 학습

필자가 했던 가장 큰 실수 중 하나가 자료에 나온 모든 영어를 다 공부하려고 했던 일이다. 이것도 중요해 보이고 저것도 중요해 보여서 하나도 놓치지 않고 학습하려 했다. 그러나 자료에는 우리가 결코 쓰지 않을, 불필요한 영어도 포함돼 있다. 쓰지 않을 거라면 배울 필요가 없다. 쓰는 것만 골라서 배워도 벅찰 판이다. 그리고 필요한 영어를 골라내는 현실 영어 감각은 독학만으로 절대 기를 수 없다. 실전 영어에 빠져야만 느낄 수 있다. 예를 들어 보자:

Rap Music (coming from the living room) / was so loud that / it was thumping on my wall.

거실에서 들리는 랩 음악이 너무 시끄러워서 방벽을 쿵쿵 칠 정도였다.

필자라면 thump on은 공부하지 않는다. 왜냐하면, 다양한 실전 영어를 경험한 결과, 실전에서는 thump on은 쓸 일도, 들을 일도 없다는 걸 경험적으로 알기 때문이다. 영어 스터디뿐만 아니라 학교 영어 수업, 외국계 회사, 캐쥬얼한 대화에서도 마찬가지다. 그래서 thump on을 기본 단어인 hit이나 pound로 바꿔서 블라인드 스피킹 한다. 이 두 단어는 현실에서 종종 쓰임을 알고 있다. 자주 쓰이는데 바로바로 떠올리지 못하는 상황도 경험했었다. 아직 기본적인 단어도 다 활용하지 못하기 때문에 직관적으

로 thump on은 불필요한 단어, 최소한 현 레벨에 맞지 않는 단어라고 판단한다.

반대로 so~that 구문은 완벽하게 학습하고 넘어간다. 센텐스 메이킹도 10개 이상 해본다. 왜냐하면, 실전 영어를 통해 so~that은 무조건 쓰이고 활용도가 높은 구문이라는 걸 경험했기 때문이다.

I have so many works that I might not be coming to the class.
업무가 너무 많아서 수업 불참할 거 같아요.
My hand trembles so much that I couldn't even hold the cup.
손이 너무 떨려서 컵도 잡지 못했어요.
I am so outgoing that I can easily talk to starangers.
전 워낙 외향적이라서 낯선 사람한테도 말 잘 걸어요.

『핵심 표현 100선』 같은 자료로 공부할 수도 있겠다. 그러나 추려진 100선 내에서조차 자신이 쓸 영어보다 안 쓸 영어가 더 많이 포함돼 있을 가능성이 크다. 자신이 진짜로 사용할 영어는 현실에 부딪혀봐야 가장 정확하고 확실하게 확인할 수 있다.

2) 자가 피드백
실전에서 3가지 문장을 다음과 같이 말했다고 치자:

1. In my opinion, you need to take care of your diet. [유창함]
2. Do you want me···to go and see···if···there are any···seats?
   [버벅임]
3. 어렸을 적 좀 더 자기 주장이 강했었으면 좋았을 텐데··· [말 못 함]
→ I wish I had been more self-assertive when I was young.

실전을 통해 강점과 약점을 파악하면 블라인드 스피킹을 더 효과적으로 활용할 수 있다. 특정 자료로 공부할 때, 1번에 속한 단어는 한두 번만 말해보거나 그냥 건너뛴다. 잘 말하는 걸 굳이 또 공부할 필요는 없기 때문이다. 그러나 2번에 포함된 'want＋명사＋to＋동사', 'if 절'이 나오면 신경을 곤두세우고 집중한다. 다른 부분보다 더 많이 반복한다. 이건 정확히 자신이 실전에서 유창하게 말하지 못한 부분이기 때문이다. 센텐스 메이킹도 해본다. 모든 영어를 같은 비중으로 공부하지 않는다. 잘하는 건 덜하고 못하는 건 더한다. 부족한 부분만 골라 채운다.

독학시 3번과 비슷한 문장이 나오면 초집중해서 반복한다. 앞으로도 비슷한 문장이 나오면 계속 막힐 게 뻔하기 때문이다. 이처럼 실전에서 얻은 자가 피드백을 통해 블라인드 스피킹 효율을 향상할 수 있다. 그리고 더 나은 블라인드 스피킹은 더 나은 실전으로 이어지는 선순환 구조를 형성한다.

3) 배운 거 써먹기

아래 자료로 블라인드 스피킹과 센텐스 메이킹을 했다고 치자:

> **We** are influenced not only by what **is in our space**, but also **by**
> what **we see outside our windows.**
> 우리는 공간 안에 있는 것뿐만 아니라 창문 밖에 무엇을 보느냐에도 영향을 받는다.

그럼 실전에서 아래 문장을 전보다 매끄럽게 말할 가능성이
높다:

> **I used to** be **easily** influenced by **other people around me.**
> **When writing, I consider** not only **topics** but also **audience.**
> **We** are **always** influenced by what **we see and hear.**

물론, 다른 단어를 섞어서 문장을 변형해야 하기 때문에 100%
유창하게 말하지 못할 수도 있다. 그러나 느리더라도 배운 걸 써
먹었다는 사실만으로 학습에 효과적이다. 배운 걸 다시 한번 떠
올려서 완벽한 문장으로 뱉었기 때문이다. 회상 효과다. 활용 횟
수가 많아질수록 연상 및 조합 속도가 점점 올라간다.

자료에 대한 환상

명심하자. 나에게 딱 맞는 완벽한 자료는 이 세상에 없다. 미
드 〈CSI 과학수사대〉보다 〈프렌즈〉가 현실 영어에 가까운 건 맞

다. 그러나 〈프렌즈〉 내에서도 분명 내가 특별히 쓸 영어와 결코 쓰지 않을 영어가 공존하고 있다. 결국, 나에게 맞는 자료는 주어지는 게 아니라 스스로 선별해서 만들어야 한다. 선별 능력, 현실 영어 감각은 주기적으로 자신을 말하는 환경에 노출시킬 때 습득 가능하다. 따라서 뒤에 3개월 학습 플랜에서 소개하겠지만, 마지막 달엔 반드시 독학과 실전 영어를 병행해야 한다.

전화 영어 열심히 하면 늘까요?

우리는 실전 영어에 대해 한 가지 오해를 하고 있다. 전화 영어, 어학원, 과외 자체가 스피킹 실력 향상으로 이어진다는 환상이다. 그러나 실전 영어는 일종의 시험에 불과하다. 배우고 학습하는 시간이 아니라, 혼자서 학습한 영어를 써먹어 보고 확인해 보는 시간일 뿐이다. 실전 영어를 접한다고 실력이 자동적으로 늘 거라고 생각하는 건 마치 평소 수학 공부할 때는 다 틀리는데 시험을 치면 갑자기 점수가 오를 거라고 믿는 일과 똑같다.

어학원 가서 공부하는 게 아니다. 가기 전에 미리 공부가 돼 있어야 한다.

경험상 어차피 어학원이나 스터디는 다 거기서 거기다. 핵심은 실전 영어를 '어떻게' 준비하는가이다. 그러니까 전화 영어의 효과는 이미 전화 받기 이전에 무엇을 했는가에서 결정된다. 내일 전화 영어 주제가 'Do you think people don't read enough books these days?'라고 치자. 그럼 그 전에 아래와 같이 3단계로 미리 철저하게 준비한다.

STEP 1. 한글 라이팅

답이 뻔하지 않나요? 사람들이 책을 덜 읽는다는 사실에 반박할 사람은 없을 거예요. 책 말고도 재밌는 게 넘쳐나니까요. 특히, 다들 알고 계시겠지만, 인터넷이 책이설 자리를 완전히 밀어냈잖아요. 예를 들어, 과거 지하철 타면 신문이나 책을 보는 사람들이 수두룩하게 많았죠. 반면, 지금은 사람들이 지하철에서 하는 게 뭐죠? 다 핸드폰으로 게임하거나 인스타하거나 유튜브 봐요. 만약 지하철에서 신문 보면 사람들이 신기하게 쳐다 볼 거예요.

위 주제는 한국어로 해도 길게 말하기 어렵다. 이 말인즉슨, 이대로 학원에 가면 영어 실력을 떠나, 단순히 할 말이 없어서 스피킹 연습을 하고 싶어도 밀도 있게 말하지 못하게 됨을 뜻한다. 영어를 잘하는 사람도 이 상태로 가서는 말을 많이 못 한다. 이게 바로 어학원에 가기 전에 반드시 한글로라도 라이팅을 써 가야 하는 이유다.

STEP 2. 영어로 바꾸기

The answer is quite obvious, isn't it? Nobody can deny that less people read books nowadays. (+Why do less people read books?) The reason is that there are more fun things than books. Especially, as you're probably aware, the Internet has been replacing books. (+In other words, books has no place to stand anymore) For instance, there were a bunch of people reading books or newspapers in the subway in the past. In contrast, what do people mostly do when they're in the subway nowadays? All of them play games, enjoy Instagram or watch Youtube on cell phones. If you read newspapers in the subway, people would look at you strangely.

한글 라이팅을 영어로 바꾼다. 참고로 계속 쓰다 보면 애초에 한글 대신 바로 영어로 쓰는 내용의 비중이 높아진다. 그러다 나중에는 step 1을 아예 생략하고 바로 영어 라이팅이 가능해진다. 친숙한 영어가 점차 늘어나기 때문이다. 다만, 초반에는 이야기 떠올리기(step 1)과 영어로 쓰기(step 2) 멀티테스킹이 안되기 때문에 단계를 나눠서 한다.

왜 영어로 라이팅을 써가야 할까? 써가지 않을 때 벌어지는 상황을 보면 금방 이해가 된다. 'Nobody can deny that less people read books nowadays'과 같은 문장은 한 번에 깔끔하게 말하기가 어렵다. 라이팅으로 미리 연상과 조합의 과정을 거쳐야만 실전에서 그래도 튀어나올 확률이 높다. 만약 연습 없이 바로 실전으로 가면, 'Nobody can not… um… can…' 하다가 중간에 포기할 확률이 높다. 나아가, 만약 '설 자리를 몰아내다'와 같은 표현에 해당하는 영어를 모른다면? 실전에서 당연히 말도 꺼내지 못한다. 모르는 영어를 실전 영어 가서 물어보면 바보가 된다. 사전에 라이팅을 쓰면서 미리 찾아보고 연습했어야 한다. 이처럼 준비를 미리하지 않으면 실전 영어는 참여 자체가 어렵다.

STEP 3. 블라인드 스피킹 (한영 시험)

라이팅만으로는 부족하다. 한 번밖에 써보지 않았기 때문에 실전에 가서 기존에 쓴 내용을 잊어버릴 수 있다. 기억이 난다고 하더라도 아직 체화되지 않은 상태이기 때문에 말할 때 지나치게 버벅일 수 있다. 그럼 실전에서는 상대방이 기다리는 게 미안해서 말하다 포기해버린다. 이처럼 완벽한 문장을 말하지 않으면 실전은 의미가 없다. 따라서, 우선 블라인드 스피킹을 통해 앞서 쓴 내용을 완벽히 내 것으로 만든다. 최소한 내가 준비한 내용은 누가 들어도 유창하게 술술 말할 수 있어야 한다. 그 외 준비하지 못한 부분에서는 막혀도 된다. 그 정도는 누구나 이해해준다. 그러려고 어학원 가는 거다. 그러나 처음부터 끝까지 버벅인다면 스스로가 창피해서 말은 못 하고 듣기만 하다가 올 수 있다.

독학과 실전의 병행

대학생 때 모교로 유학 온 교환 학생을 대상으로 하는 멘토링 프로그램에 참여한 경험이 있다. 외국인 친구와 약속이 있으면 절대로 그냥 가지 않았다. 미리 어떤 얘기를 할지 A4 2~3장 적고 모두 영어로 바꿔 갔다. 그래야 그나마 빠르게 말할 수 있을뿐더러 이야깃거리가 떨어질 걱정을 할 필요가 없기 때문이다. 우리가 생각하는 거와 달리, 실전 영어에 참여하기 전 최소 50%은 유창하게 말할 수 있게 준비된 상태여야 한다. 실전은 혼자서 공부하고, 미리 써보게 강제하는 동기 부여 유인책에 지나지 않는다.

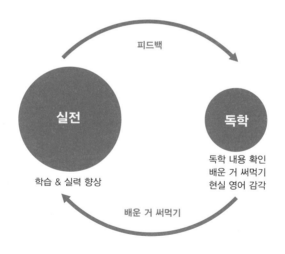

공부는 앞서 소개한 3가지 독학법과 사전 라이팅 & 스피킹 연습으로 쌓는다. 실전은 여태 배운 걸 써먹어 보고 자랑하는 타임이다. 또한, 어떤 영어가 진짜로 쓰이는지, 자신이 특히 부족한 부분은 무엇인지 실전 연습을 통해 파악한다. 이를 바탕으로 독학 시 선별적으로 중요한 것만 골라서 공부할 수 있다. 이런식으로 실전 영어를 활용해야 '학습↔피드백' 선순환이 이뤄진다.

까먹으면 어떡하죠?

"어차피 공부해도 까먹으니 별 소용없는 거 아닌가요?" 의외로 많이 듣는 어리석은 질문이다. 그 유명한 '망각곡선 이론'을 볼 필요도 없다. 인간이라면 시간이 지나면 뭐든 잊어버리는 게 정상이다. 아인슈타인도 잊어버린다. 누구든 정말 집중해서 무언가 100% 외웠다 하더라도 다음 날이면 그중 일부는 증발한다. 그냥 막연히 걱정만 하지 말자. 어떻게 해야 까먹지 않고 스피킹으로 써먹을 수 있을지 전략을 짜면 된다.

까먹지 않으려면 어떻게 해야 할까?

복습하고 또 복습한다. 즉, 반복 학습한다. 너무나도 당연한데 스피킹에서는 이상하게 모두들 이 사실을 망각하고 있는 듯 보인다. 중고등학교 때 배웠던 국사 교과서를 다시 떠올려보자. 한 번 읽어보고 끝났었는가? 아니다. 중간고사를 위해 같은 페이지를 몇 번이고 다시 봤다. 하루만 복습하는 게 아니라 시험 전날까지 몇 번이고 복습했다. 수능을 위해 단 한 권의 책을 많게는 수백 번 다시 본다. 다른 과목도 마찬가지다. 그런데 왜 영어 회화에 있어서는 자꾸 잊어버린다고 불평하는가?

얼마마다 복습해야 할까?

그렇다면 얼마나 복습해야 할까? 구체적으로 말하면 얼마의 주기로, 몇 번이나 복습을 해야 할까?

복습 주기부터 살펴보자. 오늘 'smize＝눗웃음치다'를 배웠다고 하자. 그리고 1년 후 복습하면 의미가 없다. 어차피 다 까먹어서 다시 새로 공부해야 하기 때문이다. 따라서 배운 걸 까먹기 바로 직전에 복습한다. 첫 복습은 24시간 내로 수행한다. 그래야 몰라서 다시 찾아보고, 다시 이해하는 중복 학습을 피할 수 있다. 오로지 배운 걸 복습하는 데만 시간 투자를 할 수 있다. 두 번째 복습 시에는 주기가 더 길다. 첫 복습에 비해 더 오래 기억하고 있기 때문이다. 따라서 복습 주기는 1일, 3일, 7일, 15일 식으로 길어진다. 시간차를 두면서 주기를 늘리면서 복습한다.

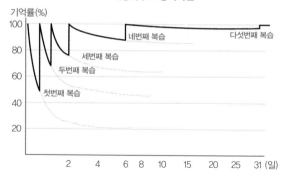

에빙하우스 망각곡선

1	2	3	4	5	6	7	8	9	10	11	12	13	14	15
복습1		복습2				복습3								복습4

언제까지 복습해야 할까?

복습을 더 이상 하지 않아도 기억할 수 있을 때까지 복습한다. 복습 목적은 배운 내용을 장기 기억으로 완전히 전환하는 일이다. 몇 번이라고 딱 잘라 말할 수 없다. 학습 난이도, 개개인의 기억력이 다르기 때문이다. 필자의 경우 평균적으로 10번 정도 복습한다. 한 파트에 20문장씩(하루 공부량), 12파트 자료가 있다 치자. 복습 주기와 횟수에 따른 한 달 학습 계획은 다음과 같다:

Day	Part	Day	Part	Day	Part	Day	Part
1	1	8	5	15	1–4	22	11, 12
2	2	9	6	16	9	23	9–12
3	1, 2	10	5, 6	17	10	24	1–4
4	3	11	1–4	18	9, 10	25	5–8
5	4	12	7	19	5–8	26	9–12
6	3, 4	13	8	20	11	27	1–6
7	1–4	14	5–8	21	12	28	6–12

Day 7, 11, 14 경우 4일 치 분량을 하루에 한다(누적 반복). 그러나 이미 그 전에 1번 이상 복습했기 때문에 처음 봤을 때보다 더 빠르게 완료할 수 있다. Day 27, 28에는 복습 분량이 무려 6일 치인데, 역시 그 전에 3번 이상 반복했기 때문에 충분히 하루 안에 할 수 있다. 그 결과 다른 건 몰라도 공부하고 복습한 거 만큼은 잊어버리지 않고 실전 스피킹에서 써먹을 수 있다.

한편, 학습 자료는 딱 하나로 정한다. 욕심부려서 미드도 보고, 영어 어플도 보고, 유튜브도 동시에 보지 말자. 보다시피, 자료 하나만 가지고 해도 복습을 넣는 순간 스케줄이 꽤 복잡해진다. 자료가 두 개만 되더라도 공부도 시작하기 전에, 계획 짜기 자체가 어려워지기 때문에 복습을 등한시하게 된다.

우리는 무한대의 영어를 배우지 않는다

'까먹으면 어떡하죠?'의 불평 뒤에는 배워야 할 단어, 문법에 끝이 없다는 인식이 깔려 있다. 그러나 우리가 실제 현실에서 쓰는 '현실 영어'는 그 분량이 명확히 정해져 있다. 문법책은 많아야 20챕터다. 그중에 스피킹에 그다지 필수적이지 않은 걸(감탄사, 분사 구문 도치, 품사의 정의 등) 제외하면 10챕터도 안 된다. 어차피 영어는 1~5형식 안에서 논다.

단어도 아주 제한돼 있다. 연구마다 다르지만, 일상 대화를 하기 위해 알아야 하는 영단어 수는 1,000~3,000개 사이다. 그런데, 고등학교 영어에서 요구되는 영단어 수는 3,000~7,000개 사이다. 그러니까, 예상 독자라면 스피킹에 필요한 웬만한 단어는 다 이미 알고 있다는 뜻이다. 다만, 연상을 못 해 실전에서 사용하지 못할 뿐이다.

'중요하다'를 표현하기 위해서는 important만 알면 된다. 동의어인 substantial, significant, momentous는 독해 차원에서나 중요하지 스피킹 차원에서는 몰라도 의사소통에 아무런 지장이 없다. Accuracy에는 도움이 되겠지만 이는 옵션일 뿐이다. '자료=배워야 할 영어'로 오해하니 분량에 압도당한다. 자료는 무한하기 때문이다. 그러나 어학원이든, 실전 영어 회의든 현실 영어를 접하면 회화에 진짜 사용하는 영어는 제한돼 있다는 걸 알 수 있다.

배운 건 100% 익힌다

복습 시 진도를 빼기보다는 완성도에 신경 쓰자. 그러니까, 10개 자료를 70% 완성도로 복습하는 거보다 1개 자료를 100% 완성도로 복습하는 편이 더 낫다. 어정쩡하게 여러 개 공부할 바에 하나라도 완벽하게 마스터한다. 왜 그럴까? 독해는 어정쩡하게 공부해도 일부는 이해할 수 있다. 반면에, 스피킹은 100%가 아니면 0%이다. 모 아니면 도다. 10개 자료를 복습했다 하더라도 전반적으로 버벅이면서 말하면, 실전에서는 거의 말하지 못한다. 완성도 100%로 복습해도 80%가 나올까 말까.

하나를 알면 열을 안다는 속담이 있다. 영어 회화에서는 아니다. 하나를 배우면 그 하나만 완벽하게 익히자. 이것도 어렵다. 다음 진도를 나가기 전 그 전에 배운 모든 내용을 익히자. 지금까지 배운 내용이 어정쩡하다면 다음 파트로 넘어가선 안 된다. 100%에 미치지 못하면 어차피 스피킹으로 유창하게 내뱉지 못하므로 결과적으로는 0이다.

학이시습지

배우고 나서 익혀야 내용을 비로소 완전히 내 것으로 만들 수 있다. 그런데 우리는 익힘, 즉 복습을 경시하고 열심히 배우기만 한다. 영어를 읽고, 이해하고 넘어간다. 인강을 듣고, 이해하고 넘어간다. 익히는 데에는 0을 투자하고, 배우는 시간의 비율이 100%에 육박한다. 그럼 독해 실력만 올라간다.

스피킹은 익히는 일이다. 일단 이해했으면 5번이고 10번이고 복습해야 스피킹이라는 Output을 낼 수 있다. 전체 학습에서 익힘의 비율이 80% 이상 넘어가야 한다. 그래야 100% 완성도를 찍어서 실제로 배운 문장을 내뱉을 수 있다. 생각해보자. 지금 배우고만 있지는 않은지. 지루하고 귀찮다는 핑계로 복습은 뒷전으로 하고 진도만 빼고 있지는 않은지 꼭 점검해보길 바란다.

제가 쓴 영어가 틀리면 어떡하죠?

앞으로 말할 첨삭은 여러분이 알고 있는 일반적인 첨삭과 좀 다르다. 보통 첨삭하면 튜터가 옆에서 하나씩 고쳐주는 수업을 생각하지 않는가? 그러나 이런 첨삭은 영어 회화에서 필요도 없고 효과도 없다.

정확한 영어를 쓰고 싶은가? 역설적이게도, 처음에는 틀려도 좋으니 무조건 양을 늘리는 '양치기' 전략으로 가는 게 효과적이다. 10문장을 정확하게 쓸 바에 좀 틀리더라도 100문장 쓰는 게 낫다. 어떻게 양치기가 Accuracy(정확도)에 기여하는지 3가지 첨삭 루트를 살펴보자.

1) Input에 의한 첨삭

실전 영어 준비를 할 때 '이건 영어로 뭐지? 저건 영어로 뭐지?' 하며 궁금증이 쌓이고 쌓인다. 사전을 찾아 정답을 찾을 수도 있겠지만 때로는 100% 확신하지 못하는 문장도 만들게 된다. 그러다 유튜브나 미드로 독학 시 다음과 같은 자료를 접한다:

항상 적절한 타이밍에 옳은 것들만 말하는 사람을 만날 것이다. 하지만 결국, 판단해야 할 기준은 항상 행동이다. 중요한 건 말이 아니라 행동이다. 그러니까 실천해라.

You are gonna (a) come across **people in your life (b)** who will say **all the right things at all the right times. But in the end, it's always their actions you should (c)** judge **them by. It's not words, but actions that matter. Therefore, let's** walk the talk.

그리고 '양치기'를 꾸준히 했다면 다음과 같은 사고 과정을 밟게 된다:

---

a. 예전에 '전 여자친구를 길에서 우연히 만나다'를 쓸 때 '우연히 만나다' 몰라서 찾아봤었는데 내가 찾은 **come across**가 맞구나! 앞으로 더 자주 사용해야지!

b. 예전에 비슷한 문장에서는 **people + who~ + in your life** 형태로 썼는데 이럴 때 관계대명사가 반드시 수식해주는 단어 뒤에 있을 필요는 없구나!

c. 예전에 '사람을 함부로 판단하지 마!'를 쓸 때 **evaluate**를 썼었는데 **judge**가 이 문맥에서는 맞는 동사구나.

d. 예전에 '묻지 말고 실천해' 할 때 **'Don't ask but act'**라고 썼었는데 말을 실천하는 건 **'walk the talk'**으로 쓸 수 있겠구나.

이 사고 과정 자체가 첨삭이다. 자신이 배우고, 궁금해했고, 애매했던 걸 다시 한번 마주하고, 비교할 때 우린 스스로 고치고, 깨닫는다. 그래야 더 오래 기억한다. 보고 듣는 영어가 예전에 써보고 말했던 문장과 연결될 때마다 첨삭 사고가 발화한다.

특별한 게 아니라고 생각할 수도 있겠다. 그러나 Input에 의한 첨삭은 오로지 '양치기'가 뒷받침될 때만 일어난다. 만약 1일 5문장을 쓸 때마다 지나치게 Accuracy에 집착했다면 그동안 쌓은 라이팅&스피킹 분량이 적었을 것이다. 자유롭게 접근한 사람이 1,000문장 쓸 때 아마 300문장도 못 썼을 것이다. 맞는지 틀렸는지 하나하나 확인해야 하기 때문이다. 그 결과 똑같은 Input을 받아들여도 그냥 '아~ 그렇구나~' 하고 넘어간다. 왜? 이전에 '우연히 마주치다', '판단하다'를 써본 경험이 없기 때문이다.

첨삭은 우리 생각처럼 한 번에 일어나지 않는다. 스스로 써보는 과정에서 우린 이런저런 궁금증을 갖게 되고 실수도 한다. 그리고 영어책, 영화, 상대방과의 대화 등을 통해 기존에 썼던 영어가 떠오르면서 조금씩 실수를 고친다. 이 과정을 반복하면서 하나씩 하나씩 Accuracy가 향상된다. 그리고 그 대전제는 충분한 라이팅 및 스피킹이다. 그러니 1문장을 완벽히 쓰기 위해서 20~30분 사전 찾아보는 건 바보 같은 짓이다. 차라리 완벽하지 않은 문장 10개를 쓰는 게 Fluency뿐만 아니라 Accuracy에도 유리하다.

이번에는 실제 영어로 대화하는 상황을 생각해보자. 100% Accuracy를 갖고 있어도, 영어를 버벅거리면 자연스럽게 대화에서 배제된다. 자기 차례에서 대화가 뚝뚝 끊기니 영어 대화에 낄 수 없다. 반면, 좀 틀리더라도 Fluency가 어느 정도 올라오면 커뮤니케이션에 참여할 수 있다. 이에 따라 스피킹 발화량과 함께 상대방으로부터 듣는 리스닝 분량이 늘어난다. 그리고 대화가 오고 가는 과정에서 자기도 모르게 틀린 영어가 바로잡힌다. 필자의 예를 들어보겠다.

영어 발표 시 처음에는 '3가지를 살펴보겠습니다'라고 말할 때 'I will go for 3 things'라고 말했다. 그러나 지금은 go for 대신 더 적절한 go over를 사용한다. 다른 발표자들이 매번 go over를 사용하니 무의식적으로 그들의 올바른 영어를 따라하게 되었기 때문이다. 이외에도 '고정하다, 콘센트를 꼽다'를 'put, connect'라고 말했는데 현재는 더 적절한 'fix, plug-in' 동사를 사용한다. 딱히 의식적으로 고치려 한 건 아니다. 그냥 영어 대화에서 반복해서 듣고 베끼다 보니 나도 모르게 고쳐졌을 뿐이다.

2) 스스로 고치는 자가 첨삭

절대 문장 생산량이 많은 만큼 자기 스스로 실수를 인지하고 고쳐나갈 수 있게 된다. 스피킹 시 시제 일치, 단수, 복수, to 부정사+동사원형, 의문문을 몰라서 틀리는가? 아니다. 올바른 Input은 가지고 있는데, Output으로 돌리는 과정에서 시간 압박에 따라 실수를 하는 것이다. 필자의 경우에는 이상하게 she와 he를 헷갈렸다. 그리고 비교급에서 bigger를 more big으로, over 대신 반대 의미인 under를 쓰곤 했다.

그러나 현재 이런 실수는 하지 않는다. 어떻게 고쳤을까? 3가지 과정을 통해 자가 첨삭이 발생했다. 첫째, Output을 충분히 쏟아 내면서 계속 실수하는 부분을 스스로 인식한다. 스피킹은 물론이고 라이팅에서도 집중하지 않으면 틀린다. 둘째, 이러한 인식을 바탕으로 다음번에 틀렸던 부분을 쓰거나 말할 때 의식적으로 틀리지 않으려고 노력한다. 셋째, 이러한 의식적 첨삭이 가미된 Output이 반복되면 나중에는 별다른 의식 없이도 맞게 쓴다.

'양질 전환'이라는 말이 있다. 양이 많아지면 질도 자연스럽게 함께 향상된다는 의미다. 우리가 인식하는 실수만 고치더라도 높은 Accuracy로 말할 수 있다. 그동안 수능, 토익 공부로 이미 높은 Accuracy 기준이 잡혀 있기 때문이다. 그래서 사실상 첨삭 시

튜터가 따로 필요 없다. 우리는 이미 우리가 어디서 잘 틀리는지 알고 있다. 그러나 역시 대전제는 절대 문장량을 늘리는 것이다. Accuracy에 집착해 만드는 문장의 양이 절대적으로 적으면 자신이 어디서 실수하는지 인식조차 못 한다. 누차 말하지만, 우리의 문제는 맞고 틀림이 아니다. 우리는 Fluency가 떨어져서 내 자신이 어떤 실수를 하는지도 모른다. 원어민을 24시간 데리고 다닌다 해도 절대 스피킹량이 적으면 원어민이 옆에서 고쳐주고 싶어도 못 고쳐준다.

3) 사전 첨삭보다는 사후 첨삭

첨삭에는 두 가지 순서가 있다. 사전 첨삭은 처음부터 올바른 영어를 쓰려고 노력하는 전략이다. 반대로, 사후 첨삭은 내뱉은 결과물에서 틀린 부분을 고쳐나가는 것이다. 사전 첨삭을 하게 되면, 우리는 사전 참조를 통해 스스로 완벽한 문장을 만든다. 반면, 사후 첨삭은 튜터가 틀릴 때마다 하나씩 하나씩 고쳐주는 방식이다. 보통 첨삭하면 후자를 생각한다. 그러나 사전 첨삭이 Fluency, Accuracy 향상에 더 효과적이다.

사후 첨삭 방식으로 원어민에게 내가 쓴 영어를 교정받았다 치자. 그럼 우린 빨간색으로 틀린 부분이 표시된 라이팅 결과물을 받는다. 그런데 잘 보면 대부분 이미 알고 있는 단어, 문법이다.

잘못 활용했을 뿐이다. 그래서 훑어보는 데 5분도 안 걸린다. '아
~ 그렇구나~ 다음번에는 안 틀려야지!' 하고 넘어간다. 그러나
곧 같은 부분에서 또 틀린다. 왜냐하면, 틀린 부분을 너무 쉽게
튜터로부터 '받아 먹었'기 때문이다. 게다가, 틀린 종류와 수도
많기 때문에 사후에 의식적으로 일일이 정리하고 기억하기란 불
가능하다.

하지만 라이팅 때부터 틀리지 않도록 공들여 쓴다면 모든 단
어, 문법이 잘 기억에 남는다. 사전, 교재를 적극적으로 활용하면
애초에 사후 첨삭은 우리 수준에서는 필요 없다. 쓰는 단계에서
스스로 모르는 단어, 헷갈리는 문법을 찾아본다. 예문도 여러 개
읽어본다. 그래서 스스로 깨우치고 처음부터 맞게 쓰게 된다. 시
간은 좀 걸릴지라도, 시행착오를 통해 스스로 답을 찾아냈기 때
문에 더 강렬히 기억한다. 게다가, '탐험' 끝에 원하고자 하는 정
보를 알아냈을 때 우리는 깨달음, 배움의 희열을 느낀다. 라이팅
부터 스피킹까지 스스로 찾아보고, 고치고, 완성하고, 내뱉었기
때문에 뿌듯함을 느낀다. 기억은 긍정적 기억에 연결됐을 때 더
오래 남는다.

추가로 사후 첨삭이 훨씬 편하긴 하다. 굳이 사전을 찾아보며
예문을 비교하지 않아도 되기 때문이다. 하지만 역설적으로 편하

기 때문에 금방 잊어버린다. 모르거나 헷갈리는 게 있으면 나중에 튜터한테 물어보면 그만이다. 그러나 우리는 제대로만 한다면 처음부터 첨삭 튜터가 필요 없다. 시간과 노력을 투자해서 라이팅을 하고 스피킹을 연습하면 높은 정확도로 말할 수 있다. 무엇보다 이렇게 하면 머릿속에 오래 남는다. 우리는 다만 귀찮아서 그동안 번역기를 돌리고 튜터한테 의지해왔던 것뿐이다.

자유롭게 쏟아내기 전략

결론적으로 Fluency, Accuracy 두 요소를 위해 우선은 맞는지 틀리는지는 무시하고 '양치기' 전략이 답이다. 뭐가 맞는지 고민할 시간에 한 문장이라도 더 써보고 더 말해본다. 이 전략에는 한 가지 확실한 장점이 있다. 바로 성취감이다. Accuracy를 버리는 만큼 더 많이 쓰고 더 많이 말하게 되면서 상대방과 커뮤니케이션이 늘어난다. 자신이 꽤 빨리 말하고 상대방이 알아들었다는 사실만으로 뿌듯함을 느끼게 되면서 학습 의욕을 고취시킨다. 단순히 인터넷 강의 보기, 유튜브 시청, 미드 시청, 영자 신문 읽기, 단어 외우기만 했을 때는 얻을 수 없는 가시적 성과이다. 생각해보자. 그동안 스피킹 공부한답시고 이것저것 했는데, 막상 우리가 그토록 원하는 영어 대화 자체는 얼마나 했는지.

PART 3
실전 학습 플랜

공부법을 익혔으니 이제 직접 실천할 차례다.
이 파트에서는 3개월 학습 플랜과, 일주일 동안 그대로 따라하면 되는 학습자료까지
준비했다. 미루지 말고, 당장 계획을 세우고 시작해보자!

VI.
3개월
학습 플랜

스피킹 학습 순서도

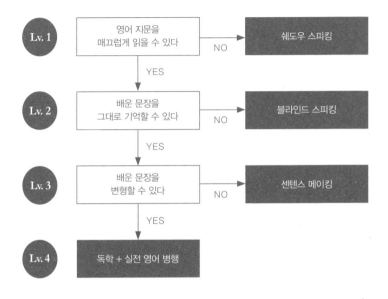

이전 문제를 해결하기 전까지는 다음 레벨로 넘어갈 수 없다. 레벨 1에 위치한 사람은 쉐도잉에 올인한다. 블라인드 스피킹과 센텐스 메이킹은 하고 싶어도 못 한다. 보고 읽지도 못하는데 안 보고 말할 수 있을 리가 없다. 응용된 문장은 더더욱 말하지 못한다. 레벨 2에 위치한 사람은 쉐도잉 30%, 블라인드 스피킹 70% 비율로 학습한다. 센텐스 메이킹은 시작하지 않는다. 기본 문장도 버벅이는데 응용된 문장을 유창하게 말할 리 없다.

마지막으로 레벨 3에 위치한 사람은 3가지 해결책을 10:50:40 비율로 실천한다. 센텐스 메이킹까지 익숙해졌다면 학습 마지막 단계인 레벨 4이다. 독학이 완성되었기 때문에 본격적으로 3가지 독학법과 실전 영어를 병행한다. 실전 영어에 대해서는 앞서 FAQ 3번에서 자세히 다뤘다.

3개월 학습 플랜

영어 스피킹 학습, 절대로 길게 잡지 말자. 꾸준히 영어 공부하겠다는 생각이 가장 위험하다. 장기전으로 가는 순간 게으르고 나태하게 평생 공부하게 된다. 영어 스피킹은 짧고 굵게 3개월 안에 끝낸다.

첫 1달

	월	화	수	목	금	토	일
20min				쉐도우 스피킹			
30min				블라인드 스피킹			
40min				센텐스 스피킹			

스피킹 공부 첫 일주일은 아무 걱정 없이 다음 챕터의 일주일 독학 커리큘럼을 따라가자. 스케줄, 자료, 공부량은 모두 세팅해두었다. 일주일 독학을 통해 혼자서 공부할 수 있는 습관을 형성한

다. 그 후 3주는 매일 90분씩 위와 같은 비율로 학습한다. 자료는 추천 유튜브 채널(83쪽) 중 하나로 학습한다. 유튜브로 시작하는 걸 추천하는 이유는 적합한 난이도를 고를 수 있고 영상 길이가 짧기 때문이다. 처음부터 미드나 영화처럼 긴 자료로 하면 벅차다. 만약 본인 레벨이 1이거나 2면 블라인드 스피킹이나 센텐스 메이킹은 우선 하지 않는다.

2달째

	월	화	수	목	금	토	일
20min				쉐도우 스피킹			
30min				블라인드 스피킹			
40min				센텐스 스피킹			

　2달째에 접어들면 3가지 독학법으로 짧은 유튜브 정도는 끝낼 수 있게 된다. 이때부터는 길이가 긴 미드나 영화로 자료를 바꿔도 좋다. 추천 자료는 역시 83쪽을 참조하자. 미드, 영화로 할 경우 한 번 익숙해지면 특별히 하루 학습 플랜을 짜지 않아도 된다. 전날 끝낸 데서부터 자연스럽게 시작하면 된다. 또한, 유튜브에서는 다루지 않는 단어, 표현, 문장 구조를 접할 수 있다. 무엇보다, 경험상 미드나 영화가 유튜브보다 재밌고 몰입하기 쉽다. (물론, 그 이전에 독학 습관이 잡혀야 하지만.) 스토리가 있고 극적인 장

면이 많이 나오기 때문이다. 긴 영화 한 편 끝내고 나면 그 다음에는 어떤 자료라도 자신감 있게 시작할 수 있게 된다. 2번째 달에는 미드 또는 영화 한 편을 끝낸다는 생각으로 공부하자.

마지막 3달째

	월	화	수	목	금	토	일
20min	쉐도우 스피킹	실전준비 (라이팅)	실전	쉐도우 스피킹	실전준비 (라이팅)	실전	쉐도우 스피킹
30min	블라인드 스피킹			블라인드 스피킹			블라인드 스피킹
40min	센텐스 스피킹			센텐스 스피킹			센텐스 스피킹

3달째에 접어들면 3가지 독학법 모두 체화돼 있어야 한다. 이제는 어떤 자료가 주어지든 확신을 가지고 효율적으로 공부할 수 있는 단계다. 이때부터는 1시간씩 주 2회 실전 영어를 병행한다. 전화 영어, 스터디, 어학원이 그 예이다. 주의 사항으로는 실전 영어에 참여하기 전 반드시 2시간 이상은 준비해 간다. 아무 준비 없이 어학원에 간다면 아무 의미 없다. 실전 영어를 준비하는 방법은 FAQ 3번(161쪽)에서 살펴본다.

√ 체크 리스트

매달 체크

Q. 전달보다 말하는 속도(Fluency)가 조금이라도 빨라졌는가?

Yes. 유지

No. 주별 체크를 통한 변화

주별 체크

Q1. 학습 시간의 90% 이상 스피킹을 하고 있는가? 리스닝 & 리딩이 10% 이하인가?

Yes. 유지

No. 자료 난이도를 낮춰서 스피킹 시간 최대화

Q2. 연속해서 3일 이상 스피킹 학습을 거르지 않았는가?

Yes. 유지

No. 스케줄 재조정. 다른 약속 취소. 또는 어학원이나 스터디를 통해 강제성 추가

Q3. 영어 읽기보다 외우기가 더 문제인가?

Yes. 블라인드 스피킹 비율 증가

No. 쉐도잉 비율 증가

Q4. 쉐도잉 시 바로바로 정확하게 따라 말할 수 있는가?

Yes. 유지 또는 더 빠른 영상

No. 느린 영상으로 변경

Q5. 모든 일상을 영어화 하였는가?

Yes. 유지

No. 카톡 영어로, 회의 필기 영어로, 영어 수업 신청. 수업 필기 나중에 영어로 바꿔보기

영어 회화, 한국에서도 되던데요?

Q6. 쉐도잉, 블라인드 스피킹, 센텐스 메이킹 독학이 안정적인가?

Yes. 실전 영어 추가

Q7. 실전에서 60분 중 40분 이상 스피킹 할 기회가 보장되는가?

Yes. 유지

No. 더 소규모 스터디, 1:1 과외로 변동

Q8. 실전에서 같은 말을 반복하진 않는가?

Yes. 유지

No. 실전 가기 전 라이팅 작성 시 의도적으로 낯선 영어 녹여 쓰기

Q9. 실전에서 지나치게 버벅이는가?

Yes. 사전 준비 철저하게. STEP 1. 한글 라이팅, STEP 2. 영어 라이팅, STEP 3. 블라인드 스피킹 준비 시간 더 확보

Q10. 배운 걸 까먹어서 사용하지 못하는가?

Yes. 새로운 진도 나가는 대신에 복습 주기 및 횟수 강화

VII.
일주일
독학
커리큘럼

\<Studying English abroad\>
(유튜브)

In this video I am gonna be answering the very popular question "Will studying English abroad in an English-speaking country make me fluent?" Well the simple answer is No. It won't make you fluent, but it can definitely help, or maybe it won't. Right?

So we're gonna talk about what this depends on, how you can have the best experience possible and make the most of your trip if you decide to go. And maybe by watching this video you'll also learn that "Hey! You don't need to study English abroad to reach your fluency goals"

So first of all, lots of people think that by studying English abroad that is going to make them fluent. Now why do we think this? We think this because it's almost like common sense. Right? You think "If I'm just immersed in the language long enough my brain will be able to absorb it and process it and boom! I will be fluent" Right?

본 영상에서는, 아주 흔한 질문에 답을 할 거예요 "영어권 국가에서 영어 유학하는 게 나를 유창하게 만들어줄까?" 글쎄요, 간단한 답은 No입니다. 여러분을 유창하게 만들어주지는 않지만 / 당연히 도움은 될 거예요, 아니면 아마도 아닐 수도 있고요.

그래서 ~에 대해 얘기해볼 겁니다 / 이게 무엇에 달려 있고, 어떻게 가능한 최고의 경험을 할 수 있고, 어떻게 여행을 최대한 활용할 수 있는지 / 만약 여러분이 가기로 결정했다면. 그리고 아마도 이 영상을 봄으로써, 여러분은 배울 거예요 "유창성 목표에 도달하기 위해서 해외에서 영어를 공부할 필요는 없어."

우선, 많은 사람이 생각해요 / 어학연수를 감으로써, 그게 그들을 유창하게 만들어줄 것이라고. 그렇다면 우리는 왜 이렇게 생각할까요? 우리는 이렇게 생각해요 / 왜냐하면, 이건 거의 상식이나 마찬가지이니까요. 그렇죠? 여러분은 생각하죠 "만약 내가 충분히 길게만 언어에 몰입한다면 / 내 두뇌는 이를 흡수하고, 처리하고, 그리고 짠! 난 유창해질 거야" 그렇죠?

● 과제 (1개)

STEP 1. 쉐도우 스피킹

과제 결과: 영어 지문 읽기 핸드폰 녹음

● 체크 리스트

1. 녹음에서 버벅이는 부분이 없는가?

2. 영상과 지나치게 다른 발음, 인토네이션, 강세가 없는가?

3. 연습 시 긴 문장은 잘라서 반복했는가?

<Studying English abroad> (유튜브)

\<Try living with Lucie\>

(유튜브)

I'm Lucie Fink and this is five days of no sugar. The Sundance film 'FED UP' argues that sugar is the new cigarettes. What? Our generation was raised being told "don't smoke! Cigarettes kill!" But here's a jumbo Pixy Stix! Enjoy! I mean I always knew it wasn't great for my teeth. But now I'm being told sugar is gonna kill me?

Many people in the world have successfully cut sugar out from their diets. Personally, I have a bit of a sweet tooth and I don't think I'd be able to stop by weaning off. I think if I'm gonna stop it's all or nothing. So starting right now, cutting out all sugar with five days. Let's do it.

Day two. And today I'm taking a step back to learn the difference between healthy sugars and dangerous sugars. The reason I'm doing this is because yesterday I was officially the world's pickiest eater. I examined every single bite of food as it turns out it's pretty impossible to cut out all sugar.

Lucie Fink입니다. 설탕 없이 5일 살기예요. Sundance 다큐멘터리 〈FED UP〉은 설탕이 새로운 담배라고 주장해요. 뭐라고? 우리 세대는 "담배 피지마! 담배는 널 죽일 뿐이야!"라고 들으면서 자랐습니다. 그런데 여기 거대한 Pixy Stix가 있네요! 그냥 먹읍시다! 설탕이 이빨에 안 좋다는 건 알고 있었어요. 그런데 이제 설탕이 저를 죽인다고 듣고 있네요?

많은 사람이 식단으로부터 성공적으로 설탕을 끊습니다. 개인적으로, 전 단 걸 좋아해서 / 점진적으로는 못 끊을 거예요. 모 아니면 도로 끊겠습니다. 지금부터 시작해보죠. 5일 동안 모든 설탕 완전히 끊기. 시작해봐요!

2일 차. 오늘은 건강한 설탕과 위험한 설탕의 차이를 배우기 위해 한 발 짝 물러나볼 게요. 이걸 하는 이유는 어제 정말로 세상에서 식성이 가장 까다로운 사람이었거든요. 제가 한 입 한 입 다 검사해보았는데 / 설탕을 완전히 끊는 건 거의 불가능하다고 드러났어요.

● 과제 (1개)
STEP 1. 쉐도우 스피킹
과제 결과: 영어 지문 읽기 핸드폰 녹음

● 체크 리스트
1. 빨라서 못 따라 하는 부분은 자체적으로 느리게 하였는가?

<Try living with Lucie>(유튜브)

<Why being respectful to your coworkers is good?>

(테드)

Who do you want to be? It's a simple question and whether you know it or not, you're answering it every day through your actions. This one question will define your professional success more than any other because how you show up and treat people means everything.

Either you lift people up by respecting them, making them feel valued, appreciated and heard or you hold people down by making them feel small, insulted, disregarded or excluded. And who you choose to be means everything.

어떤 사람이 되고 싶나요? 간단한 질문이지만 / 여러분은 알게 모르게, 행동을 통해 매일 이 질문에 답하고 있습니다. 이 질문은 그 어떤 것보다 여러분의 직업적 성공을 결정할 것입니다 / 왜냐하면 여러분이 어떻게 보이는지와 어떻게 사람들을 대하는지가 모든 걸 의미하기 때문입니다.

(Either) 여러분은 사람들을 북돋을 수도 있습니다 // 그들을 존경하거나, / 그들이 가치 있고, 고마움을 받고 있고, 귀 기울여지게 있다고 느끼도록 만듦으로써요 // or / 여러분은 사람들을 낮출 수도 있습니다 // 그들이 작고, 모욕당하고, 무시받고 또는 소외감을 느끼도록 만듦으로써요. 어떤 사람이 되고 싶은지를 고르는 게 모든 걸 의미합니다.

● 과제 (2개)
STEP 1. 쉐도우 스피킹
과제 결과: 영어 지문 읽기 핸드폰 녹음

STEP 2. 블라인드 스피킹
과제 결과: 한글만 보고 영어로 말하기 핸드폰 녹음

● 체크 리스트
1. STEP 2 과제 결과에서 버벅이는 부분이 없는가?

<Why being respectful to your coworkers is good?>(테드)

〈How to give a presentation?〉

(영어 발표)

Thank you for coming to this presentation. The presentation will take no longer than 50 minutes. There will be a 5 minute break in the middle, and a Q&A session at the end. People at the back, can you see the slides clearly? Without further ado let me begin with my presentation. Please refer to the handouts I gave you before. Is there anyone who did not receive the handout?

The presentation is divided into 3 parts; #1. Research Background #2. Status Quo #3. Future prospects. Let's take a moment to think why we constantly study English on and off. On the top left corner of the slide, there are statistics that shows that approximately more than 90% of adult learners give up learning English within 2 weeks.

I got off track for a little there. Going back to the subject at hand, I will explain to you why it is less efficient to study for a long time… From now on, Mr. Shim will continue with the presentation.

오늘 발표에 참석해주셔서 감사합니다. 발표는 길어야 50분 걸릴 거예요. 중간에 5분 쉬고 마지막에 질의응답 세션을 갖겠습니다. 저기 맨 뒤에 계신 분들 슬라이드 잘 보이시나요? 그럼 바로 시작하도록 하겠습니다. 이전에 나눠드린 프린트 참조해주시면 감사하겠습니다. 자료 못 받으신 분 계시나요?

발표는 다음과 같이 3파트로 나누어져 있습니다; #1. 연구 배경 #2. 현황 #3. 향후 전망. 잠깐 멈춰서 왜 자꾸 영어 공부를 하다 말다 하다 말다 하는지 잠시 생각해봅시다. 슬라이드 왼쪽 상단에 성인 학습자의 약 90% 이상이 2주 안에 영어를 포기한다는 걸 보여주는 통계 수치가 있습니다.

잠시 주제에서 벗어났네요. 다시 원래 주제로 돌아와서, 왜 오래 공부할수록 오히려 학습 효율은 떨어지는지 설명드리겠습니다… 지금부터는 Mr. Shim이 발표를 이어가도록 하겠습니다.

● 과제 (2개)
STEP 1. 쉐도우 스피킹
과제 결과: 영어 지문 읽기 핸드폰 녹음

STEP 2. 블라인드 스피킹
과제 결과: 한글만 보고 영어로 말하기 핸드폰 녹음

● 체크 리스트
1. STEP 2 과제 결과에서 버벅이는 부분이 없는가?
2. 블라인드 스피킹 연습 시 (/)로 끊어서 구간 반복하였는가?

<How to give a presentation?>(영어 발표)

Older generations think that children have to be serious if they're learning, but I disagree. I think that children can improve their learning ability by having fun on video games. Scientists have proven that video games train your hand-eye coordination, and many videos games include puzzles that are a good exercise for the brain.

I think video games are just getting better and better too. Now we are even seeing video games that help people exercise. I will encourage my children to play all kinds of games, not just videos games. But I will also be careful about the kinds of games I let them play. Finally, some games are too bloody or adult orientated in content for kids.

이전 세대는 공부를 할 때 매우 진지해야 한다고 생각하지만 난 그렇게 생각하지 않는다. 아이들이 비디오 게임에서 재미를 얻으며 그들의 학습 능력을 향상시키기도 한다고 본다. 과학자들은 게임이 손과 눈이 같이 움직일 수 있도록 훈련시키는 걸 증명했으며 많은 게임은 두뇌에 좋은 운동인 퍼즐을 포함하고 있다.

또한, 게임은 갈수록 더 좋아지고 있다. 우리는 심지어 사람들이 운동하도록 도와주는 비디오 게임도 보고 있다. 난 아이들이 비디오 게임뿐만 아니라 모든 종류의 게임을 하도록 할 것이다. 하지만 그들에게 하게 할 게임의 종류에는 조심할 것이다. 마지막으로, 어떤 게임들은 내용에 있어서 아이들에게 너무 잔인하거나 선정적일 수 있다.

● 과제 (3개)

STEP 1. 쉐도우 스피킹
과제 결과: 영어 지문 읽기 핸드폰 녹음

STEP 2. 블라인드 스피킹
과제 결과: 한글만 보고 영어로 말하기 핸드폰 녹음

STEP 3. 센텐스 메이킹
과제 결과: 5문장 만든 후 외워서 핸드폰 녹음

● 체크 리스트

1. STEP 3 과제 결과에서 버벅이지 않았는가?

<Should children be allowed to play video games?>(오픽)

⟨Stop and listen to yourself⟩

(유튜브)

You complain to your boss "I was stuck in traffic". You complain to your trainer "My alarm didn't go off" or "I finished work too late" . You make excuses and justify why you aren't making progress in life. Just listen to yourself.

Every time that you think the conditions are not perfect enough for you to keep pushing towards your goal… every time the short-term reward over-shines your long-term goal… every time an excuse slips out of your mouth… I want you to stop and listen.

Listen to the kind of person you've become when you allow yourself to make excuses. I want you to hear your own words when you give in to doubt and weakness. Write them down and read them back to yourself and then ask yourself "Am I controlling my environment or am I letting my environment control me?"

영어 회화, 한국에서도 되던데요?

당신은 상사에게 불평하지 "차가 막혀 꼼짝 못 했다고". 트레이너에게 불평하지 "알 람이 울리지 않았다고" 또는 "일이 늦게 끝났다고". 당신은 변명을 늘어놓고 왜 발 전하지 않는지를 합리화하지. 그냥 스스로의 목소리를 들어봐.

계속 목표를 밀고 나가는데 여건이 부족하다고 생각할 때마다 / 단기적 보상이 장 기적 목표보다 밝게 빛날 때마다 / 입에서 변명이 미끄러져 나올 때마다 / 난 네가 멈추고 들었으면 해.

네가 네 자신을 변명하도록 내버려 뒀을 때, 네가 어떤 사람이 되었는지 들어봐. 의 심과 약점에 굴복할 때 / 네 자신의 말을 듣길 바라. 그것들을 적은 다음 네 자신에 게 다시 읽어줘. 그리고 물어. "내가 환경을 지배하고 있는가, 아니면 환경이 나를 지배하게 두고 있는가?"

● 과제 (3개)

STEP 1. 쉐도우 스피킹

과제 결과: 영어 지문 읽기 핸드폰 녹음

STEP 2. 블라인드 스피킹

과제 결과: 한글만 보고 영어로 말하기 핸드폰 녹음

STEP 3. 센텐스 메이킹

과제 결과: 5문장 만든 후 외워서 핸드폰 녹음

● 체크 리스트

1. 기본적이지만 스피킹 하지 못하는 영어를 뽑아서 센텐스 메이킹하였 는가?

<Stop and listen to yourself>(유튜브)

〈How to break a bad habit?〉

(영어 기사)

Why do you want to break or change a certain habit? 'Research from 2012' suggests it may be easier to change your behavior when the change you want to make is valuable or beneficial to you.

Take a few minutes to consider why you want to break the habit and any benefits you see resulting from the change. Listing these reasons may help you think of a few that hadn't occurred to you yet.

For added motivation, write your reasons down on a piece of paper and keep it on your fridge, bathroom mirror, or another place where you'll see it regularly.

Seeing the list can keep the change you're trying to make fresh in your mind. If you do happen to fall back into the habit, your list reminds you why you want to keep trying.

여러분은 왜 특정 습관을 없애거나 바꾸고 싶은가요? 'Research from 2012'는 행동을 바꾸기 더 쉽다고 말합니다 / 원하는 변화가 여러분에게 가치 있고 이로울 때.

잠깐 시간을 내보세요 / 왜 습관을 없애고 싶고, 그 변화로부터 예상되는 좋은 점들을 생각하기 위해서요. 이런 이유를 들어보는 건 아직 여러분이 모르는 것들을 생각해볼 수 있도록 도와줄 거예요.

추가적인 동기 부여로, 종이에 이유를 적어보시고, 냉장고, 안방 거울 또는 정기적으로 보는 장소에 붙여놓으세요.

리스트를 보는 건 만들고자 하는 변화를 마음속에 생생히 남아 있게 합니다. 만약 혹시나 다시 나쁜 습관으로 빠진다면, 리스트는 왜 계속 시도해야 하는지를 떠올려 줄 거예요.

● 과제 (3개)

STEP 1. 쉐도우 스피킹
과제 결과: 영어 지문 읽기 핸드폰 녹음

STEP 2. 블라인드 스피킹
과제 결과: 한글만 보고 영어로 말하기 핸드폰 녹음

STEP 3. 센텐스 메이킹
과제 결과: 5문장 만든 후 외워서 핸드폰 녹음

● 체크 리스트

1. STEP 1, 2, 3의 과제 결과에서 모두 버벅이지 않았는가?

<How to break a bad habit?>(영어 기사)

EPILOGUE

에필로그:

한국에서 하니까 더 유리하던데요?

대학교 3학년 때 건강 문제로 교환 학생을 가지 못했다. 어학 점수, 영어 인터뷰 모두 통과했는데 억울했다. 그리고 불안했다. 남들에게 뒤처지는 느낌이었다. 주변 친구들은 못해도 6개월씩 은 교환 학생을 갔다 왔다. 나는 불리하다고 생각했다.

그들은 영어 환경에 노출돼 있으니 자연스럽게 영어가 늘 테니까 말이다. 나는 해외 경험이 없으니 스피킹을 못할 수밖에 없다고 '합리화'했다. 애초에 교환 학생을 신청한 이유도 외국 나가면 저절로 영어가 늘 거라는 막연함 기대감 때문이었다.

그러나 지금 돌아보건대, 교환 학생을 가지 못한 건 오히려 행운이었고, 신의 한 수였다. 역설적으로 교환 학생을 가지 못했기 때문에, 한국에서만 불리하게 공부를 했기 때문에 지금의 영어 수준까지 올 수 있었다. 자신컨대, 어학연수 2년 갔다 온 주변 친구보다 필자가 영어를 더 잘한다. 영어를 쓸 때면 어디서 살다 왔냐고 질문을 듣는다.

불리하니까 더 해야지

국내에서만 영어를 배우면 불리하다는 인식 자체가 오히려 스스로를 더 채찍질하는 강력한 에너지원이 됐다. 불리한 환경을 극복하고자 어떻게든 한국에서 영어로 한마디라도 더 해보려고 노력했다. 막무가내로 영어 수업을 신청했다. 그것도 토론, 발표, 리포트가 많은 수업으로 골라 들었다. 스피킹이 안 되니 수업 전에 미리 질문 거리, 말할 내용을 라이팅으로 정리해 갔다. 교수님 질문에 대답하는 건 물론이고 자발적으로 손을 들어서 질문했다.

군이 들을 필요도 없는 계절 학기 영어 수업도 들었다. 매일 수업이 끝나면, 교수님을 기다려서 추가적인 질문을 했다. 언제는 교수님께서 교내 병원에 가신다고 해서 나도 그쪽으로 가는 길이라고 하고 무작정 동행해서 수업 내용을 영어로 물어봤다. 결국 병원 안까지 따라 들어갔다.

결국, 나중에는 아예 모든 수업이 영어로 진행되는 국제학부로 다중 전공을 했다. 교양 수업도 일부러 영어 수업으로 골라 들었다. 학점이 망할지라도, 수업을 못 따라갈지라도, 스트레스를 받을지라도 일단 신청하고 봤다. 지금, 이 순간에도 외국에 나가 있는 친구들은 영어를 쓰고 있다는 위기 의식, 경쟁 의식 때문이었다. 나는 그런 기회가 없으니 학교 수업만큼이라도 영어로 들어야 한다고 생각했다.

학교 수업 외에도 별도로 영어 공부를 했다. 영어 스터디에 참석했다. 이동할 때는 항상 이어폰을 꽂고 영어 유튜브를 들었다. 카톡, 메모도 모두 영어로 하려고 했으며 오죽했으면 한국어 전공 수업도 끝나고 영어로 다시 정리했다. 길 가며, 샤워할 때 배웠던 영어를 혼자 중얼거렸다. 지하철 광고, 친구가 했던 말 등을 영어로 바꿔서 생각해봤다.

그 결과 한국에 살았지만, 영어로 생각하고 말하는 시간이 더 긴 날도 있었다. 교환 학생을 간 친구들보다 더 밀도 있게 영어를 썼을 거라 생각한다. 불리하다는 인식 때문에 스스로 영어로 말하는 환경을 끊임없이 조성했기 때문이다. 1만 시간의 법칙? 필자처럼 하면 3개월도 충분하다. 영어로 말할 기회는 주어지는 것이 아니다. 스스로 만들어 내는 것이다.

해외에 나갔더라면?

만약 그때 교환 학생을 갔었다면 어떻게 됐었을까? 처음에 가졌던 생각, 즉 '외국 나왔으니 자연스럽게 영어가 늘겠지~'라고 생각하며 수동적으로 공부했을 것이다. 아니, 노는 거 좋아하는 성격상, 한국인 친구들이랑 술만 먹다 돌아왔을 가능성이 높다. 이에 따라 영어 실력도 나가기 전과 비교했을 때 고만 고만했을 것이다. 이력서에 해외 경험을 넣어야 하나 빼야 하나 고민했을 지도 모른다. 해외 경험이 있다고 하기엔 스피킹에 자신이 없었을 테니까. 단순히 좋은 경험을 하고 왔다 치기엔 영어 실력이 형편없어 경험 자체를 숨기려 했을 것이다. 그래서 고민을 하고 있었겠지. '왜 교환 학생을 나갔다 왔는데 영어가 이 모양일까? 내가 언어적 재능이 없어서 그런가?'

설령, 운 좋게 인텐시브한 영어 환경에 놓였어서 영어가 확 늘었다 하더라도 한국에 돌아오는 순간부터 고민했을 것이다. 영어를 안 쓰니 실력이 점점 떨어졌을 테니 말이다. 영어 스터디 고급반에 가면 종종 이런 경우를 본다. 외국에 평생 있을 수는 없지 않은가.

그러나 필자는 이런 걱정으로부터 자유롭다. 불리하다는 인식 때문에 그동안 필요 이상으로 오버해서 학습했기에 그 습관이 아직 남아 있다. 딱히 어학원을 다니거나 영어 공부를 따로 하지 않더라도 현 수준을 유지할 수 있다. 여전히 일상생활 속에서 가능한 부분은 영어로 쓰고 영어로 말하기 때문이다.

지하철 광고나 친구가 했던 말을 영어로 다시 곱씹어본다. 이젠 딱히 공부하려고 하는 게 아니라 습관 때문에 이동 중에는 항상 영어 유튜브를 본다. 그냥 보는 게 아니라 따라 말해보고 모르면 찾아본다. 별거 아닌 듯 보이지만 하루 최소 30분은 영어로 생각할 수 있다. 남들처럼 다른 일 다 하면서, 일부러 영어에 딱히 시간 들이지 않으면서 말이다.

국내파니까 더 알아주던데요?

필자는 무명인데도 불구하고 여기저기서 제안을 많이 받았다. 대형 어학원 강사, 기업 출강, 출판, 콘텐츠 크리에이터, 영어 어플 개발 등등 받은 명함만 스무 장이 넘는다. 세상에 영어 잘하는 사람은 많다. 게다가, 단순히 실력만 놓고 보면 필자는 유학파에 비해서는 한참 모자라다. 하지만 오히려 해외파가 아니기 때문에 영어 시장에서 먹히는 부분이 있나 보다. 필자와 같은 입장에 있던 학습자들에게 공감대를 살 수 있기 때문일 것이다. '영어 잘하는 사람'보다 '국내파'라는 타이틀이 더 와 닿는다. 국내파가 아니었다면 외국계 인턴을 하지도 못했다. 당시 뽑힌 이유가 스펙은 보잘것없지만, 영어를 공부한 과정에서 나타난 적극성과 열정이 있었기 때문이다.

독자 여러분께 드리는 메시지는 하나다. 한국에서도 충분히 스피킹을 해낼 수 있다. 나아가, 해외에 나가서 영어를 배우는 것보다 더 유리하다. 오히려 불리하기 때문에 더 열심히 한다. 영어를 받아들이는 게 아니라 스스로 쟁취하게 된다.

될 사람은 된다. 그러나 될 사람은 원래부터 될 사람으로 태어나지 않는다. 스스로를 될 사람으로 만들어야 한다. 영어 스피킹, 한국에서도 충분히 잘 할 수 있다! 독자 여러분 모두 파이팅!

영어회화, 한국에서도 되던데요?

2020년 9월 29일 초판 1쇄 발행
2020년 12월 21일 초판 2쇄 발행

지 은 이 | 심규열
펴 낸 이 | 서장혁
기획편집 | 이경은
디 자 인 | 정인호
마 케 팅 | 한승훈, 최은성, 김다은솔

펴 낸 곳 | 토마토출판사
주   소 | 경기도 파주시 회동길 216 2층
T E L | 1544-5383
홈페이지 | www.tomato4u.com
E-mail | support@tomato4u.com
등   록 | 2012. 1. 11.
I S B N | 979-11-90278-14-0 (13740)